Stefan Wolf

Gangster auf der Gartenparty

Ein Fall f

TKKG

T wie Tim
K wie Karl
K wie Klößchen
G wie Gaby

Pelikan

ISBN 3-8144-0168-9

Gesamtleitung und Textredaktion: Egon Fein, f-press, München
Umschlag-Gestaltung und Text-Illustration:
Reiner Stolte, München
Graphische Gestaltung: Heinrich Gorissen, München
Gesamtherstellung: Clausen & Bosse, Leck
Printed in Germany
Auflage 15 14 13 12 11 10 9 8 7 6 5 4 3 2

Inhalt

TIM

heißt in Wirklichkeit Peter Carsten, aber kaum einer nennt ihn so. Den Spitznamen hat er weg, weil sein Großvater Timotheus hieß, wie der Mann aus der Bibel, und das finden seine Freunde stark. Früher haben sie ihn Tarzan genannt, den Bärenstarken. Aber Tim wollte nicht mehr mit dem „Affen" verglichen werden, der im Urwald von Baum zu Baum hüpft. Er ist der Anführer unserer vier Freunde, der TKKG-Bande. Das sind die Anfangsbuchstaben ihrer Vornamen: Tim, Klößchen, Karl und Gaby. „Tarzan"-Tim, 13 Jahre und ein paar Monate alt, ist immer braungebrannt und ein toller Sportler – besonders in Judo, Volleyball und Leichtathletik. Seit zwei Jahren wohnt Tim in der Internats-Schule, geht jetzt in die Klasse 9 b. Sein Vater, ein Ingenieur, kam vor sechs Jahren bei einem Unfall ums Leben. Seine Mutter, die als Buchhalterin arbeitet, kann das teure Schulgeld nur mühsam aufbringen. Doch für ihren Sohn ist ihr nichts zuviel. Tim dankt es ihr mit guten Zeugnissen – ohne ein Streber zu sein. Im Gegenteil: Bei jedem Abenteuer ist Tim, alias Tarzan, vornedran. Ungerechtigkeit haßt er, und deshalb riskiert er immer wieder Kopf und Kragen . . .

KARL, DER COMPUTER
geht in dieselbe Klasse wie Tim, in die 9b, wohnt aber nicht im Internat, sondern bei seinen Eltern in der Stadt. Er heißt mit Nachnamen Vierstein, und sein Vater ist Professor für Mathematik an der Universität. Wahrscheinlich hat Karl von ihm das tolle Gedächtnis geerbt, denn er merkt sich einfach alles – wie ein Computer. Karl ist lang und dünn, und wenn ihn etwas aufregt, putzt er sofort die Gläser seiner Nickelbrille. Bei einer Prügelei nützt ihm sein Gedächtnis leider wenig. Muskeln wären dann besser. Weil er die nicht hat, bleibt er lieber im Hintergrund und kämpft mit den Waffen seines Gehirns – aber feige ist er nie.

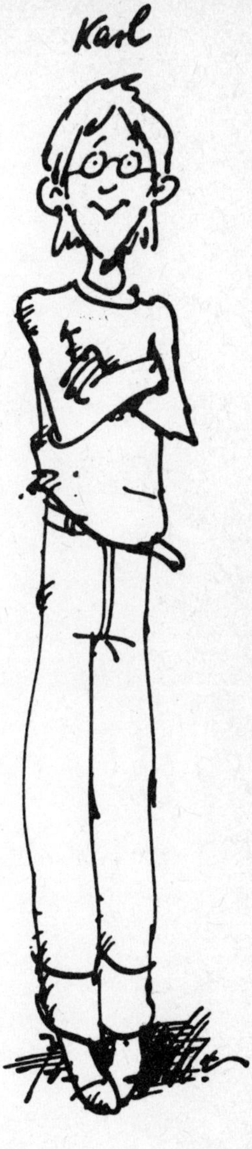

KLÖSSCHEN
ist ein prima Kerl, an dem man nichts auszusetzen hätte, wenn er bloß nicht so vernascht wäre. Eine Tafel Schokolade – und er wird schwach. Noch lieber sind ihm zwei, drei oder gar fünf Tafeln. So bleibt es nicht aus, daß Willi Sauerlich – so heißt er mit vollem Namen – immer dicker und unsportlicher wird. Zusammen mit Tim, in dessen Klasse er auch geht, wohnt er im Internat in der Bude ADLERNEST. Klößchens Eltern, die sehr reich sind und in der gleichen Stadt leben, haben nichts dagegen, denn dem Jungen gefällt es bei seinen Kameraden besser als zu Hause. Da ist mehr los, sagt er. Sein Vater ist Schokoladen-Fabrikant, und er hat sogar einen Zwölf-Zylinder-Jaguar. Heimlich wünscht Klößchen sich, so schlank und sportlich zu sein wie Tim, gewesener Tarzan ...

GABY, DIE PFOTE
hat goldblonde Haare und blaue Augen mit langen dunklen Wimpern. Sie ist so hübsch, daß Tim manchmal nicht hingucken kann, weil er sonst rot wird. Er mag sie halt sehr gern. Aber affig ist Gaby Glockner deshalb kein bißchen – im Gegenteil: Sie macht alle Streiche mit. Selbstverständlich passen die drei Jungens immer auf sie auf, besonders wenn's gefährlich wird. Vor allem Tim-Tarzan ist dann sehr besorgt. Er gibt es zwar nicht zu, aber wenn es darauf ankäme, würde er sich für Gaby zerreißen lassen. Sie wohnt, wie Karl, bei ihren Eltern in der Stadt, besucht aber auch die Klasse 9b im Internat. Der Vater ist Kriminalkommissar, die Mutter führt ein kleines Lebensmittelgeschäft. Als Rückenschwimmerin ist Gaby unschlagbar, und in Englisch hat sie die besten Noten. Sie ist sehr tierlieb und läßt sich von jedem Hund die Pfote geben, deshalb heißt sie auch „Pfote“. Kein Wunder, daß sie mit großer Liebe an Oskar hängt, ihrem schwarz-weißen Cocker-Spaniel. Leider ist er auf einem Auge blind. Aber er riecht alles, besonders gebratene Hähnchen.

Stefan Wolf: Ein Fall für TKKG

Die Jagd nach den Millionendieben
Der blinde Hellseher
Das leere Grab im Moor
Das Paket mit dem Totenkopf
Das Phantom auf dem Feuerstuhl
Angst in der 9a
Rätsel um die alte Villa
Auf der Spur der Vogeljäger
Abenteuer im Ferienlager
Alarm im Zirkus Sarani
Die Falschmünzer vom Mäuseweg
Nachts, wenn der Feuerteufel kommt
Die Bettelmönche aus Atlantis
Der Schlangenmensch
Ufos in Bad Finkenstein
X 7 antwortet nicht
Die Doppelgängerin
Hexenjagd in Lerchenbach
Der Schatz in der Drachenhöhle
Das Geheimnis der chinesischen Vase
Die Rache des Bombenlegers
In den Klauen des Tigers
Kampf der Spione
Gefährliche Diamanten
Die Stunde der schwarzen Maske
Das Geiseldrama
Banditen im Palast-Hotel
Verrat im Höllental
Hundediebe kennen keine Gnade
Die Mafia kommt zur Geisterstunde
Entführung in der Mondscheingasse
Die weiße Schmuggler-Jacht
Gefangen in der Schreckenskammer
Anschlag auf den Silberpfeil
Um Mitternacht am schwarzen Fluß
Unternehmen Grüne Hölle
Hotel in Flammen
Todesfracht im Jaguar
Bestien in der Finsternis
Bombe an Bord (Haie an Bord)
Spion auf der Flucht
Gangster auf der Gartenparty

1. Tim und Klößchen, die Schlägertypen

Zum Fürchten sahen sie aus!

Um Klößchens Hals hing eine stählerne Hundekette. Eine zweite wickelte er sich ums Handgelenk. Seine übergroßen Sommer-Shorts wurden von einem Ledergürtel gehalten, der mit Nieten beschlagen war.

Tim – früher Tarzan genannt – zog sein Hemd aus und schlüpfte in eine ärmellose Jeans-Weste, die er sich von einem Mitschüler aus der 12a geborgt hatte.

Sticker mit drohenden Symbolen panzerten die Weste. Eine geballte Faust war dabei, ein Totenkopf und ein zähnefletschender Panther. Über die Handgelenke schob Tim sich breite Lederstulpen. Auch die waren mit Nieten bewehrt.

Gaby trat einen Schritt zurück, pustete kurz, aber nachdenklich gegen ihren Goldpony und beäugte die beiden.

„Vom Hals abwärts stimmt's", stellte sie fest. „Da möchte ich euresgleichen nicht im Dunkeln begegnen. Aber die Gesichter sind zu freundlich."

Tims Gesicht vereiste. Er hob einen Mundwinkel und zahnte Gaby an. Ein wahrhaftig tückisches Grinsen.

„Schon besser!" lobte sie.

„Und ich?"

Klößchen bleckte die Zähne, kniff die Augen.

Er wirkte jetzt wie ein wohlgenährter Kochlehrling, der gerade den Pudding versalzen hat und mit seinem Frust (*Enttäuschung*) ringt.

Aber Gaby tat, als schaudere ihr.

„Ich kriege eine Gänsehaut, Willi."

„Wußte ich's doch."

„Und was meinst du, Oskar?"

Tim bückte sich zu Gabys Cocker-Spaniel und kraulte ihn hinterm Ohr.

Der Vierbeiner wedelte. Daß er die beiden für gefährliche Schlägertypen hielt, war nicht zu erkennen.

Die Sonne stand hoch. Draußen war Sommer. Ein bunter Schmetterling „falterte“ am offenen Fenster vorbei, besann sich, kam herein und drehte eine Runde über Karls Bett.

In seinem Zimmer befanden sie sich – und damit, logo!, im Haus von Professor Vierstein, Karls Vater.

Karl war zur Zeit nicht anwesend, sondern auf Posten. Er mußte jeden Moment anrufen; die drei warteten darauf.

Draußen im Flur schrillte das Telefon.

„Na also!“

Tim rannte hinaus. In Richtung Erdgeschoß, wo er Frau Vierstein wußte, rief er: „Das wird für uns sein, Frau Vierstein. Der Karl. Ich gehe schon ran.“

Sie antwortete. Aber er verstand nicht, was sie sagte, sondern nahm den Hörer ans Ohr.

„Macht euch auf die Socken!“ keuchte Karl durch die Leitung. „Eben ist er los. Mit Rad und Provianttasche.“

„In Ordnung. Ende!“

Gaby und Klößchen standen schon neben ihm.

Gaby reichte ihm den Rucksack, in dem sich nichts befand – außer einer ungeladenen Tränengaspistole und einem kleinen Tonbandgerät. Die Pistole sah einer scharfen Waffe zum Verwechseln ähnlich.

Sie verließen das Haus. Laue Luft wehte aus allen Richtungen. Im Garten, den Karl manchmal pflegte – manchmal auch nicht –, summten Bienen über wogendem Unkraut.

Oskar lief an der Leine, von Gaby geführt.

Die drei sprangen auf die Drahtesel und strampelten los.

Krätzkows Adresse war nur sechs flotte Minuten entfernt. Freilich endete das feine Stadtrand-Viertel, in dem die Viersteins wohnten, auf halbem Weg.

Die Gegend um den Ottermann-Weg, wo Krätzkow wohnte, war letztmals in den Dreißiger Jahren ein feines Viertel gewesen. Jetzt nagte der Verfall an den alten Häusern, und auf die blühenden Gärten hatten Baulöwen und Spekulanten-Geschäftemacher begehrliche Blicke gerichtet.

Über Alfons Krätzkow wußte die TKKG-Bande einiges: Zum Beispiel, daß er in dem kleinen Haus mit einer Italienerin zusammenlebte. Sie hieß Anna Vareno und flocht ihr hüftlanges Schwarzhaar manchmal zu sieben dicken Zöpfen. Krätzkows Auto war ein sechs Jahre alter, roter BMW mit zwei Dellen an der Beifahrertür.

Tim spähte voraus.

Als sie in den Ottermann-Weg einbogen, trat Karl hinter einer Hecke hervor.

Er hatte seit drei Tagen Sonnenbrand. Seine Nase schälte sich. Aber hinter der Nickelbrille blitzten die Augen.

„Ihr holt ihn leicht ein", verkündete er, als die drei bei ihm hielten. „Er fährt ganz gemächlich."

„Weil er nicht weiß, daß wir ihm im Genick sitzen – wie der Teufel", gab Klößchen als Erklärung ab.

„Jedenfalls fährt er über die Heckenröder Landstraße in Richtung Naturschutzgebiet", sagte Karl zu Tim.

„Alles klar", nickte Tim. „Ihr bewacht die Adresse. Vor allem: Laßt diese Anna Vareno nicht aus den Augen."

Karl grinste. „Wir verstecken uns im Nachbars-Garten. Nur Büsche und Bäume. Da könnten sich hundert Mann unsichtbar machen. In dem Häuschen wohnt ein netter Oldie. Eduard von Lommingen. Der sagt nichts – wenn er uns bemerkt."

Also los! dachte Tim – und glitt wieder auf den Sattel.

„Hoffentlich geht alles gut!" sagte Gaby. „Irgendwie habe ich Zahnschmerzen. Ist ja 'ne irre Kiste. Wenn wir sie vermurksen, macht uns mein Papi zur Schnecke."

„Wird schon gutgehen."

Tim wischte ein Abschieds-Bussi über ihre Wangen und fuhr los. Klößchen heftete sich an sein Hinterrad.

Einmal noch blickte Tim zurück.

Gaby und Karl ketteten ihre Drahtesel an den Zaun. Gleich würden sie hinüber steigen und sich im Garten verstecken.

Das Haus, in dem Krätzkow und die Vareno wohnten, schimmerte durch die Hecke. Stille überall. Und ein blauer Sommerhimmel spannte sich über Stadt und Land.

Tim fuhr schnell und ein kurzes Stück freihändig.

Er holte das nur erbsengroße Mikrofon aus der Tasche. Mit einer Nadel ließ es sich an der Weste befestigen. Zwischen zwei Stickern fiel es nicht auf.

Jetzt brauchte er nur noch das – batterie-betriebene – Bandgerät einzuschalten und jeder Laut, jedes gesprochene Wort wurde festgehalten.

Gaby hat recht, dachte er, wenn ihr nicht wohl ist – vonwegen Zahnschmerzen und so. Aber schließlich tun wir's ja, weil die Möglichkeiten der Polizei erschöpft sind. Die erlaubten Methoden versagen. Also klotzen wir ran. Auch wenn das nicht so ganz erlaubt ist.

Sie erreichten die Heckenröder Landstraße und fuhren der Mittagssonne entgegen.

Klößchen schwitzte fürchterlich. Er war nicht nur mit den Beinen beschäftigt – er übte auch Zähneblecken und machte gefährliche Schlitzaugen.

2. Die Tragödie vom 11.

Vor zehn Minuten hatte er sein Rad bei einer Bushaltestelle abgestellt. Die alte Mühle würde sicher keiner klauen.

Krätzkow trug Freizeitkluft und geländegängige Schuhe. Drei bis vier Stunden wollte er wandern, weil das der Gesundheit nützt, und dann im Naturschutzgebiet rasten.

Er hatte einen Proviantbeutel umgehängt, der Butterbrote und zwei Flaschen Bier enthielt. Leider wurde das Bier allmählich warm.

Krätzkow marschierte querbeet. Das Gelände stieg an. Anfangs bahnte er sich den Weg durch Büsche. Dann stieß er auf einen Pfad, der in den dunklen Tannenwald führte. Es war heiß. Über einem Bach tanzten Mücken. Hier und dort flog ein Vogel auf. Aber das interessierte ihn nicht. Eigentlich interessierte ihn gar nichts von dem, was hier kreuchte und fleuchte. Ebensogut hätte er in der Stadt am Rande einer Schnellstraße tippeln können. Aber das gilt ja als ungesund.

Während er bergwärts stampfte, mahlten seine Zähne aufeinander. Der Blick war zu Boden gerichtet.

Alfons Krätzkow hatte harte, blaue Augen und schmale Lippen. Er sah nicht übel aus – mit seinem graublonden Schopf und den kantigen Zügen. Er war 38 Jahre alt – und so hätte man ihn auch geschätzt. Manchmal freilich, nach durchzechten Nächten, hingen ihm Ringe unter den Augen – groß wie Lastwagenreifen.

Er hatte keinen Beruf erlernt, aber jahrelang in der französischen Fremdenlegion gedient – was überwiegend eine mörderische Tätigkeit ist und nicht die guten Seiten eines Charakters fördert. Was das betraf, war Krätzkow ohnehin nur kärglich ausgestattet. Sein Gewissen hielt alles aus.

Während er jetzt in freier Natur ausschritt und tief durchatmete, hätte sich eigentlich Wohlbefinden einstellen müssen.

Das Gegenteil war der Fall. Ein seltsames Unbehagen ließ ihn nicht los. Ihm war, als folge ihm jemand.

Immer öfter blickte er hinter sich.

Hatte da nicht was geklirrt? Wie das Metall einer Kette.

Er sah niemanden.

Die Bäume standen weit entfernt voneinander, als hätten sie Berührungsangst. Aber Himbeer- und Brombeerbüsche wucherten mannshoch, weshalb der Rück- und Überblick behindert war. Jedenfalls hatte Krätzkow keinen Durchblick.

Der Wald lag jetzt hinter ihm. Er stiefelte einen gerölligen Hang hinab, trat Steine los, die aber nicht weit rutschten, und entdeckte einen Habicht.

Gelb und braun war der Greifvogel, sein Auge wie Bernstein. Aufgeschreckt, strich er ab wie ein Pfeil.

Krätzkow blieb stehen. Vor ihm breitete sich ein Hochmoor aus. Dahinter lag Wald, und Bergrücken folgten.

Er blickte zurück. Hinter jedem Stamm, jedem Busch konnte sich jemand verbergen. Verdammt, dieses Gefühl! Aber er kannte sich. Auf seinen Instinkt war Verlaß.

Bewegte sich unter den Bäumen ein Schatten?

Er versuchte sich zu beruhigen. Das fehlte ja noch, daß seine Nerven verrückt spielten. Auch andere hatten das Recht, hier zu wandern. Außerdem war jetzt die richtige Zeit für eine Rast.

Auf dürrer Grasnarbe ließ er sich nieder.

Als er sein Butterbrot auspackte, sah er die beiden.

Also doch!

Halbstarke waren das. Der eine groß und mindestens 16. Der andere klein und zu gut im Futter. Den Dicken begleitete ein metallisches Klirren.

Als sie näherkamen, sah Krätzkow, daß es tatsächlich Stahlketten waren: Hundeketten, mit denen man Doggen und Mastinos unter Kontrolle hält. Aber so gefährlich war der Dicke bestimmt nicht.

Krätzkow wandte seine Aufmerksamkeit dem anderen zu.

*

Er rastet, dachte Tim. Das kommt wie gerufen. Er macht es uns leicht, der Kerl.

Das Bandgerät lief. Die Pistole steckte hinten im Hosenbund. Tim spürte das Metall auf dem Rückgrat. Wäre der Meuchelpuffer geladen gewesen, hätte ihm das sicherlich eine Gänsehaut bereitet. Wie leicht löst sich unbeabsichtigt ein Schuß! Und der hätte dann – mindestens – Tims Sitzfläche beschädigt.

„Ich glaube, Willi, wir sollten mal Pause machen", sagte er lässig durch den Mundwinkel. „Der Typ dort hat den richtigen Platz schon belegt. Hallo, Sie! Was dagegen, wenn wir uns einen Moment zu Ihnen hocken? Das Gras sieht schön weich aus."

Krätzkow musterte ihn rasch noch mal von oben bis unten, sagte dann, ihm sei's recht, und rückte etwas zur Seite.

„Ich bin Peter Carsten", sagte Tim und grinste schief.

„Willi Sauerlich!" stieß Klößchen durch die Zähne. Es klang wie ein Fluch.

Krätzkow nickte und ließ sich etwas Zeit, bevor er seinen Namen nannte. Dann biß er ein Stück von seinem Butterbrot ab.

Klößchen zog eine Tafel Schokolade aus der Tasche.

„Am liebsten", sagte er, „frühstücke ich kleine Kinder. Aber das gibt's ja nicht jeden Tag. Hähähäh! Wie sagt man: In der Not frißt der Teufel Fliegen – und Willi, der Schreckliche, Schokolade."

Er begann zu kauen.

Tim stützte, zurückgelehnt, die Arme auf, zerklatschte eine Mücke auf seiner muskulösen Brust und blickte umher.

„Gibt's was Schöneres, Willi? Die Natur, besonders draußen, ist Zucker für die Seele. Ich glaube, Willi, ohne Wald und Flur hätten wir die letzte Woche nicht überstanden."

„Hätten wir nicht", nickte Klößchen – und kaute.

„Sie müssen wissen, Krätzkow", wandte Tim sich an den Mann, „daß Trauer auf uns lastet. Schwarze, abgrundtiefe Trauer. Na gut! Mit einem Schuß Heroin kommt man darüber hinweg. Oder mit einem Schniff Kokain. Ein Schniff ist das Aufschnüffeln, falls Sie das noch nicht wissen. Einfach hochziehen. Klar? Das also braucht man, wenn das Schicksal zuschlägt wie bei uns. Aber die Droge allein genügt nicht. Nein! Man muß sich auch ergötzen an der Natur."

„Deshalb sind wir hier", fügte Klößchen hinzu.

„Trauer? Weshalb?" fragte Krätzkow. Er unterdrückte ein Gähnen, denn ihn interessierte der Kummer anderer nicht. „Ist jemand gestorben?"

Tim rieb die Zähne aufeinander, daß sein Zahnarzt „Hör auf!" geschrien hätte.

„Das beste Mädchen der Welt ist gestorben", sagte er dumpf: „meine Schwester Sabrina."

„Mann, habe ich sie geliebt!" stöhnte Klößchen. „Geheiratet hätte ich sie – in zehn Jahren. Sie war die Schönste. Und die Beste beim Schmierestehen. 41 Brüche – Einbrüche, meine ich – und nie sind wir erwischt worden. Das verdanken wir ihr. Nicht wahr, Tim!"

„Du sagst es."

Krätzkow starrte von einem zum andern. Seine Miene zeigte keinen Ausdruck.

„Ihr nehmt Drogen", sagte er, „und brecht ein. Und das gebt ihr einfach so zu?"

Klößchen grinste breit. „Sie verpetzen uns doch nicht?!"

„Woher willst du das wissen." Er wandte sich Tim zu. „Woran ist denn deine Schwester gestorben? Hat sie sich zuviel Heroin gespritzt?"

„Das wäre Sa... Sabrina nie passiert." Aufpassen! dachte er. Beinahe hätte ich Sabine gesagt. „Sie hat nie einen Fehler gemacht. Nein! Sabrina wurde überfahren. Ein verdammter Verkehrsunfall. Mit Fahrerflucht. Aber wir erwischen den Kerl. Und dann machen wir ihn kalt."

„Hm, hm." Krätzkow musterte ihn aus den Augenwinkeln.

„O Gott, war sie schön!" stieß Klößchen hervor – und schlug sich auf den Schenkel, daß es knallte.

Tim legte den Kopf in den Nacken. Den stieren Blick richtete er solange auf die Sonne, bis zwei Tränen kullerten.

„Sie war schon 16", erklärte er. „Genau vor drei Wochen ist es passiert. Heute vor drei Wochen, am 11. Willi und ich haben Sabrina nachts aus der Disko abgeholt. Aus der ‚Queen' (*Königin*). Kennen Sie? Nein? War eine dunkle Nacht. Aber dort, wo wir die Straße überquerten, brannten Laternen. Der Fahrer hätte uns sehen müssen."

„Hätte er!" nickte Klößchen. „Dieser Dreckskerl! Huch, wie ich ihn hasse!"

„Ich vermute, er war betrunken", sagte Tim. „Mich hat der Wagen nur gestreift. Ich wurde zu Boden geschleudert. Willi war einen Schritt hinter uns. Ihm ist nichts passiert. Aber Sabrina... Mein Gott! Sie war sofort tot. Tot und verstümmelt. Und der Kerl ist weitergerast!"

Tim spürte ein Kitzeln in der Kehle, als hätte er eine flaumige Feder verschluckt. Das Bedürfnis zu lachen wurde übermächtig. Schweiß trat ihm auf die Stirn. Nur nicht! dachte er. Nur nicht! Sonst ist alles verpatzt.

Er wagte nicht, Klößchen anzusehen. Auch dem steckte ein verdächtiges Glucksen in der Kehle. Aber noch wurde es erstickt – mit Schokolade.

„Schrecklich!" sagte Krätzkow. Denn irgendwie mußte er sich äußern. „Hat man den Fahrer geschnappt?"

„Ich sagte doch schon, daß wir ihn erwischen werden. Also ist er noch auf freiem Fuß."

Krätzkow erwiderte nichts.

„Ich lag am Straßenrand", schilderte Tim das gräßliche Märchen, „sah das Nummernschild ganz deutlich und habe es mir eingeprägt. Aber", er grinste verzerrt, „der Polizei habe ich nichts verraten."

„Nichts!" Klößchen begann, die schokobraunen Zähne zu blecken.

Krätzkow sah Tim an. „Weshalb nicht?"

„Weil dann dieser Kerl mit einer lächerlichen Strafe davongekommen wäre. Wie es heutzutage üblich ist. Vielleicht hätten sie ihm sogar Bewährung gegeben. Zu wenig dafür, daß er meine Schwester getötet hat. Deshalb werden wir ihn umbringen."

Das Wort schwebte in der sonnenlastigen Luft. Danach war Stille.

Um Himmels willen! dachte Tim. Es ist unmöglich, was wir hier machen. Aber jetzt gibt's kein Zurück mehr. Sicherlich nennt man das Nötigung. Oder Erpressung. Oder angedrohte Selbstjustiz (*gesetzlich nicht zulässige Vergeltung auf eigene Faust*). Ein Glück, daß wir noch nicht strafmündig sind. Aber Ärger kriegen wir bestimmt.

Krätzkow veränderte seine Haltung, zog die Füße dichter an sich und legte eine Hand – wie zufällig – auf einen faustgroßen Stein.

Er wußte selbst nicht, weshalb er das tat. Er kannte keine Sabrina, hatte auch niemanden überfahren. Aber diese beiden Typen mit ihren schlimmen Grimassen und den Wutausbrüchen – sie waren ihm unheimlich.

„Ihr wißt jetzt, wer der Täter ist?" fragte er.

Tim nickte. „Ein Hiesiger. Aus der Stadt,meine ich. Er fährt einen roten BMW. Die Beifahrertür hat zwei Dellen. Das Kfz-Kennzeichen lautet..." Er nannte es.

Krätzkow hörte auf zu atmen.

In der Stille war nur der Sommerwind zu hören.

„Das... ist mein Wagen", sagte Krätzkow nach einer Weile. „Aber ich habe niemanden überfahren. Weder vor drei Wochen noch sonstwann."

Tim grinste – wie der Tod selbst, nahm die Hand hinter dem Rücken hervor und richtete die Pistole auf Krätzkow.

Dem stockte der Herzschlag.

„Nicht gleich schießen!" knurrte Klößchen. „Du hast mir versprochen: Erst darf ich ihn fertigmachen."

„Seid ihr übergeschnappt?" rief Krätzkow – und starrte in die Pistolenmündung. „Ihr täuscht euch. Ich war's nicht."

„Wir erwarten kein Geständnis“, zischte Tim. „Uns genügen die Beweise. Willst du noch beten? Eine letzte Zigarette? Du hast nicht mehr viel Zeit.“

Krätzkows Gesicht wurde fahl. Panik packte ihn. Diese Irren! Die brachten ihn glatt um – wegen einer verdammten Verwechslung.

„Du sollst mir büßen“, keuchte Klößchen. „Für Sabrina, die ich heiraten wollte. Für die beste Schmieresteherin, die es je gab. Sie hatte kohlschwarze Augen. Und nicht einen einzigen Pickel im Gesicht. Du... du Mörder!“

„Jungs!“ Krätzkows Zähne stießen aneinander. „Ich schwöre euch: Ich war's nicht. An... an diesem Tag – am 11. – war ich gar nicht in der Stadt. Sicherlich – der BMW stand bei mir in der Garage. Nur meine Lebensgefährtin war im Haus. Aber daß sie den Wagen verliehen hat... nein! Ist unmöglich. Sie hätte es mir gesagt. Oder... Vielleicht doch. Anna selbst kann's nicht gewesen sein. Sie hat keinen Führerschein.“

„Du willst Zeit gewinnen“, wurde er von Tim unterbrochen, „und spinnst dir was zusammen. Gib dir keine Mühe! Du bist geliefert.“ Er hob die Pistole in Kopfhöhe.

Ohne den Blick von Krätzkow zu wenden, sagte er: „Ich will's gnädig machen, Willi. Er soll nicht leiden. Denn absichtlich, glaube ich, hat er's nicht gemacht.“

„Nicht schießen!“ schrie Krätzkow. „Ich ... kann beweisen, daß ich nicht zu Hause war. Jungs, wir... wir sind doch vom gleichen Schrot und Korn. Ihr fixt, ihr macht Einbrüche, ihr tragt Waffen... und ich, also ich, ich war tatsächlich nicht in der Stadt, sondern in... Österreich. In Salzburg, um genau zu sein. Dort habe ich... einen Juwelier überfallen. Die Beute... ihr habt bestimmt davon in der Zeitung gelesen... die Beute bestand leider nur aus Modeschmuck. Es sah aus, als hätte ich für zwei Millionen eingesackt. Aber der Juwelier, dieser Saukerl, hat mich reingelegt. Es mußte ja auch alles so schnell gehen. Das Zeug, das ich habe, sieht prächtig aus. Aber es ist nicht viel wert.“

Tim starrte ihn an. „Meinst du den Überfall, bei dem einer der Angestellten schwer verletzt wurde?"

Krätzkow nickte heftig. „Ich mußte auf ihn schießen."

„Ich bin mir nicht sicher", sagte Klößchen, „ob der Überfall am 11. war."

„Doch, am 11.", rief Krätzkow. „Kann ich beweisen. Stand in jeder Zeitung. Am 11., kurz vor 18 Uhr. Am Grenzübergang waren scharfe Kontrollen, deshalb mußte ich mit meinem Leihwagen bis Innsbruck fahren. Dort habe ich mich rumgedrückt bis zum Morgen. Am 12. vormittags war ich wieder hier. Meine Lebensgefährtin kann das bestätigen. Aber nur für euch. Die Polizei darf nichts davon wissen. Der Verdacht fiel nämlich ziemlich bald auf mich. Und Kommissar Glockner, dieser verdammte..., jedenfalls gibt der sich alle Mühe, mich festzunageln. Aber Anna beschwört, daß ich die ganze Zeit im Haus war. Gegen dieses Alibi kann er nicht an."

Das war's!

Tim verzog keine Miene.

Klößchen hatte aufgehört zu kauen.

In dem kleinen Rucksack auf Tims Rücken drehte sich noch immer die Tonbandspule. Jedes Wort nahm sie auf.

3. Beobachter am Spukhaus

Tim ließ den Arm sinken, behielt aber die Pistole in der Hand.

„Sagt er die Wahrheit? Was meinst du, Willi?"

„Ich weiß nicht. Schiß hat er. Das ist es."

„Was wollt ihr denn noch?" stöhnte Krätzkow. „Soll ich euch an dem. . .Modeschmuck beteiligen?"

„Es geht um den Tod meiner Schwester", sagte Tim, „und nicht um deine blöden Klunkern. Da sahnen wir mit unseren Einbrüchen mehr ab. Aber wenn wir das Zeug sehen, wäre das ein Beweis deiner Unschuld. Und natürlich muß deine Freundin bestätigen, daß du am 11. nicht zu Hause warst, sondern in Salzburg."

Krätzkow knirschte mit den Zähnen. „Und ihr haltet den Mund?"

„Du bist nicht an der Reihe, Bedingungen zu stellen." Tim wedelte mit der Pistole. „Für dich geht's ums nackte Überleben. Klar?"

Krätzkow verzichtete auf Antwort. Aber seine Zähne knirschten lauter.

„Hast du die Zeitungsberichte über den Raub?" fragte Tim.

Krätzkow bejahte.

Tim schraubte sich aus dem Schneidersitz hoch.

„Hiermit endet der Ausflug in die schöne Natur. Wir gehen zurück zu den Rädern."

„Ich habe nicht mal mein Bier getrunken", maulte Krätzkow.

„Ist kein Unglück."

Klößchen blieb seiner Rolle treu. Nörgelig meinte er, daß er bald einen ‚Schuß' brauche, sonst würde er abschlaffen.

Krätzkow mußte vorangehen. Jedesmal, wenn er hinter sich blickte, zeigte Tim ihm die Pistolenmündung.

Daß es sich um eine Tränengas-Pistole handelte, hatte der Ganove bis jetzt nicht bemerkt.

Wir haben sein volles Geständnis, dachte Tim. Jetzt noch den Schmuck und Anna Varenos Aussage – dann fehlt kein Beweis mehr. Gabys Vater wird sich freuen. Daß wir eine Schau abziehen mußten, um soweit zu kommen, ist doch eigentlich verständlich. Na ja, der Kommissar muß beide Augen zudrücken – und die Hühneraugen auch.

Sie latschten den Weg zurück.

Niemand begegnete ihnen.

An der Bushaltestelle warteten die Tretmühlen.

Tim hatte sein Rennrad mit dem Kabelschloß am Stahlpfosten festgemacht. Klößchens Drahtesel war hinter einem Busch versteckt. Dort fiel er – staubgrau, wie er war – nicht auf.

Sie saßen auf und fuhren in Richtung Stadt.

*

Gaby saß auf einem Baumstumpf. Er war bemoost. Um die Sitzfläche der hellblauen Jeans nicht einzufärben, hatte sie ihr Taschentuch ausgebreitet.

Karl hockte auf einem kopfgroßen Stein. Oskar lag zwischen ihnen.

Das Versteck war gut gewählt. Büsche umgaben die drei. Aber wenn sie ein paar Zweige zur Seite bogen, konnten sie den morschen Holzzaun berühren.

Er trennte die Grundstücke. Hier, wo sie saßen, hatte der alte Eduard von Lommingen Hausrecht. Jenseits des Zauns war Ottermann-Weg 23, die Adresse von Krätzkow und seiner italienischen Freundin.

„So eine Bude!“ flüsterte Gaby. „Ist ziemlich vergammelt.“

„Sieht aus wie ein Spukhaus“, erwiderte Karl. „Ich glaube, dieser abbruchreife Palast ist 400 Jahre alt – jedenfalls was die Grundmauern betrifft. Habe mich mal mit der Heimatkunde dieses Viertels beschäftigt. Damals soll hier der städtische Scharfrichter gewohnt haben. Kostenlos. Aber jeder ehrbare Bürger machte einen Bogen um das Haus. Man brauchte

Scharfrichter. Aber sie wurden nicht geachtet. Null Kontakte. Nie Einladungen zu 'ner Party, zum Straßenfest oder zu 'ner Modenschau." Er grinste. „Stelle ich mir düster vor – so ein Leben als Henker."

„Dann lieber arbeitslos. Ob Krätzkow und seine Anna von der Vorgeschichte wissen?"

„Bestimmt nicht. Außer mir – und jetzt dir – weiß es nur der Heimatkundler, bei dem ich das nachgelesen habe. 100prozentig belegt ist die Sache sowieso nicht, aber 99prozentig wahrscheinlich."

Eine herabschwebende Blüte, eine winzige, berührte Gabys Stirn und sank nieder auf die langen dunklen Wimpern.

Gaby pustete, und der rosarote Fallschirm trudelte weiter.

„Hoffentlich geht alles gut", flüsterte sie.

Das betraf Tim und Klößchen bei ihrem Unternehmen.

„Es ist gut eingefädelt", versuchte Karl zu beruhigen.

Hinter ihnen, aber gut zwei Kugelstoßweiten entfernt, wurde eine Tür geöffnet. Die Angeln knarrten.

Oskars Kopf ruckte hoch.

Sofort legte Gaby ihm die Hand auf die Schnauze.

Das hieß: Keinen Mucks!

Karl drehte sich um und spähte durch hüfthohe Farne.

Eduard von Lommingen trat aus dem Häuschen.

Es war kleiner und mindestens 300 Jahre jünger als das Spukhaus drüben. Vor Eduards Fenster blühten Geranien, und in dem kleinen Küchengarten auf der Südseite gediehen fußballgroße Kürbisse.

„Der Oldie ist es", wisperte Karl.

„Wäre dumm, wenn er uns sieht."

Oskar schniefte durch seine Hundenase. Doch die Bienen summten ziemlich laut und übertönten ihn.

Eduard von Lommingen war sicherlich 80 Jahre alt. Seine Haut erinnerte an einen braunen Ledermantel, der Wind und Wetter getrotzt hat und nun bald zu den Altkleidern ausgemustert wird.

Karl kannte den alten Edu, wie er ihn nannte, flüchtig. Er gehörte demselben Schachklub an wie Professor Vierstein und galt als hervorragender Spieler.

Edu qualmte aus einer Großvater-Pfeife, schlurfte zur anderen Seite des Gartens und trat an den Zaun.

Dort schloß sich ein ähnliches Grundstück an: verwildert, mit altem Baumbestand und vielen Büschen.

Die beiden hörten, wie er zu jemandem redete.

„Tag, Lena", sagte er mit heiserem Baß. „Wieder ein richtiges Gurken- und Kürbiswetter heute. Auch die Petersilie gedeiht. Wie geht's dem Rheuma, meine Liebe?"

„Danke, Eduard, ich fühle mich gut", antwortete eine helle Frauenstimme. „Und noch besser ginge es mir, wenn uns dieser Renz in Frieden ließe."

„Jaja", brummte Edu. „Renz, der Häuserkönig, kennt kein

Mitleid. Es ist eine himmelschreiende Ungerechtigkeit, was der mit dir macht. Eine Schande! Aber wir wehren uns! Ich bin alt. Aber zum alten Eisen gehöre ich noch lange nicht."

Gaby hörte nicht auf das, was Lena erwiderte.

Die Hintertür des Krätzkow-Spukhauses zog alle Aufmerksamkeit auf sich.

Anna Vareno kam ins Freie.

Sie trug einen Mülleimer, umrundete die Hausecke und schüttete den Abfall in eine Tonne.

Sieht gar nicht aus wie die Braut eines Räubers, dachte Gaby.

Die Italienerin mochte Ende zwanzig sein und hatte ein zartes Gesicht, auf dem ein ständiges Lächeln haftete. Aber der Eindruck täuschte. Es lag am Schnitt ihres Mundes. Beide Mundwinkel waren nach oben gezogen. Das prägte die Miene so freundlich. Daran änderte sich nichts – auch wenn sie an einer Beerdigung teilnahm oder mit dem Hammer ihren Daumen traf.

„Schlampiges Weibsstück", flüsterte Karl. „Sie hat verschiedene Turnschuhe an, und das Haar ist ganz speckig."

Das mit den Turnschuhen fiel Gaby erst jetzt auf. Der linke war blau – und Produkt einer deutschen Sportartikelfirma, der rechte knallrot mit US-Schriftzeichen.

Anna latschte ins Haus zurück.

Im selben Moment hörte Gaby die Stimmen.

„Du gehst voran, Krätzkow", sagte Tim.

„Jaja, schon gut", antwortete der Ganove.

„Und keine Tricks!" mahnte Klößchen mit vollem Mund.

Gabys Puls wurde schneller. Die Aufregung!

Karl zischte durch die Zähne.

Oskar, der Tims Stimme erkannt hatte, begann zu wedeln.

Noch befanden sich die drei auf der Straße; und die Hecke verstellte den Blick.

Doch die Garageneinfahrt stand offen. Dort tauchte das Trio auf. Sie waren abgestiegen und schoben die Räder.

4. Perfekte Falle

Cool bleiben! dachte Tim. Gleich kommt die Minute der Wahrheit. Alle Beweise sind dann in unserer Hand, und Gabys Vater kann zugreifen.

Er unterdrückte ein Lächeln. Triumph füllte ihm die nackte Brust. Das Goldkettchen – eigentlich war's Silber, aber ausreichend vergoldet –, das er seit zwei Wochen am Hals trug, machte einige Hüpfer.

Gaby hatte es ihm geschenkt. Er war vor Freude fast ohnmächtig geworden; und seitdem trennte er sich von diesem seinen Schatz immer nur für Sekunden. Dann nämlich, wenn er sich unter der Dusche einseifte und dabei auch den Hals einbezog.

Die Pistole steckte jetzt im Gürtel.

Er ließ keinen Blick von Krätzkow, dessen Hemd hinten durchgeschwitzt war.

Der Kerl schob sein Rad zur Garage und lehnte es dort an die Wand.

Tim hörte Klößchen hinter sich. Sein dicker Freund keuchte. Teils vor Aufregung, teils wegen der flotten Rückfahrt.

Krätzkow fuhr sich mit der Hand übers Gesicht.

„Anna ist im Haus. Dort ist auch die Beute versteckt. Das wird euch hoffentlich überzeugen."

„Liegt an dir, Krätzkow", sagte Tim durch die Zähne – und mimte wieder den drogensüchtigen Schlägertyp, der von Einbrüchen lebt.

Tim ließ die Hand an der Pistole, während sie ihre Räder abstellten.

Krätzkow wandte sich um und schlurfte zur Hintertür.

Sie war niedrig, breit und aus dicken Bohlen gefertigt. Die Klinke hätte zu einem Burgverlies gepaßt.

Tim blickte rasch zum Nachbars-Garten.

Über einem Busch erschien für einen Moment ein dünner Arm mit Karls schlanker Hand dran.

Karl winkte und machte mit zwei Fingern das Siegeszeichen.

Etwas verfrüht, dachte Tim. Aber eigentlich hat er recht. Was soll jetzt noch schiefgehen?

Krätzkow trat über die Schwelle ins Haus.

Tim zog die Pistole aus dem Gürtel. Klößchen war dicht hinter ihm.

Ein gewölbeartiger Flur tat sich auf. Steinwände zu beiden Seiten. Es roch modrig und etwas nach Salpeter. Durch das schmale Fenster vorn drang zu wenig Licht herein. Der Fußboden bestand aus Holzbohlen und klang seltsam dumpf.

Tim brauchte nur einen Moment. Dann hatten sich seine Augen an das Halbdunkel gewöhnt.

Krätzkow war zwei Schritte vor ihm.

„Macht die Tür zu!" befahl er.

Klößchen tat's, stolperte dann und stieß gegen Tim.

„Anna!" rief Krätzkow ins Haus. „Ich bringe zwei ausgekochte Halunken mit. Sind der letzte Dreck, sage ich dir."

Heh, heh! dachte Tim. Kriegt der Oberwasser?

Krätzkow ging weiter, streckte den linken Arm zur Wand und drückte einen Hebel – einen eisernen, vermutlich – herab.

Will der Licht ma...

Die Katastrophe war unausweichlich, die Falle perfekt. Tims Instinkt warnte zwar schon seit etwa 30 Sekunden. Trotzdem – zum Ausweichen gab's keine Möglichkeit. Denn wer rechnet schon mit so was!

Unter Tim – und gleichfalls unter Klößchen – tat sich der Boden auf. Das heißt, die Falltür, auf der sie standen, klappte nach unten.

Es geschah blitzartig. So alt diese teuflische Vorrichtung auch war – sie funktionierte.

Tim stürzte bereits, als das Knarren der Scharniere an seine Ohren drang.

Schreck durchzuckte ihn. Dennoch reagierte er sofort.

Krätzkow, der sich auf festem Boden befand, war nur zwei Schritte vor ihm.

Tim warf sich nach vorn. Daß er die Pistole losließ, merkte er nicht. Er stürzte, und sein Sprung war zu kurz. Doch mit der Rechten erwischte er die Kante – dort, wo der Drehpunkt der Falltür war. Mit beiden Knien prallte er gegen sie – was sich anfühlte, als werde er beim Fußball-Match gefoult (*regelwidrig getreten*).

Er hing. Mit einer Hand. Schmerz und Schreck lähmten. Aber damit wurde er fertig.

Sofort griff er mit der linken Hand hoch und krallte sich an die Kante.

Gleichzeitig merkte er, daß ein tonnenschweres Gewicht an seinen Füßen hing.

„Aaauuuuuhhhh!" brüllte Klößchen unter ihm.

Er war's. Mit beiden Armen umklammerte er Tims Füße. Sein dicker Kopf steckte zwischen den staubsatten Turnschuhen. Er zappelte.

„Verdammter Mist!" schrie er. „Was... was soll das?"

O Gott! Auch das noch! Übelkeit schien in Tims Magen zu explodieren. Klimmzug! Klimmzug! Hoch! Er versuchte es. Verzweifelt. Aber mit Klößchen an den Füßen – freihängend – wäre übermenschliche Kraft nötig gewesen.

Dennoch! Zentimeter um Zentimeter zog Tim sich – und Klößchen – hinauf.

Als seine Augen über der Kante waren, bückte sich Krätzkow.

„Na? Anstrengend?" Er grinste. „Und ihr wollt mich fertigmachen? Vermodern werdet ihr dort unten. Verhungern und vermodern."

„Was sagt er?" brüllte Klößchen aus dem Untergeschoß. Er zappelte noch heftiger.

Tim sah, wie Krätzkows Hand auf ihn zukam.

Ein Ruck! Schmerz wie von einer Messerklinge schnitt in Tims Nacken.

Krätzkow zog die Hand zurück. Sie hielt das zerrissene Kettchen. Die offenen Enden baumelten herab.

AAUUUUHH!

Der Ganove richtete sich auf. Grinsend hob er den Fuß. Mit voller Wucht trat er auf Tims linke Hand.

Der Schmerz fuhr durch den Kopf, raste in die Schulter und erreichte den Hinterkopf. Die Finger waren gefühllos.

Tim ließ los. Mit nur einer Hand konnte er sich und seinen Freund nicht halten. Er rutschte an der Kante vorbei, hing am ausgestreckten rechten Arm und wartete darauf, daß Krätzkow ihn auch auf die andere Hand trat.

Unter ihm war es stockfinster. Das Halbdunkel aus dem Flur reichte nicht herab. Wie tief würden sie fallen?

„Willi, laß los! Spring nach links! Sonst falle ich auf dich."

„Was? Wie?" Klößchens Stimme zitterte. „Ich... kann mich nicht mehr halten."

Da war er – der stechende Schmerz in der Hand. Krätzkow trat zu, als wollte er ihm die Finger brechen.

Tims Hand glitt ab. Er drehte sich nach rechts. Mit Klößchens Hilfe, geschweige denn mit seiner Geistesgegenwart, war nicht zu rechnen.

Ein Sturz ins Ungewisse. Tim streckte die Arme nach vorn. Immerhin ließ Klößchen in diesem Moment los. Tim zog rechtzeitig die Knie an, landete auf den Füßen, federte ab und blieb unverletzt. Sehr tief war er nicht gestürzt.

Hinter ihm quäkte Klößchen.

Er war, da niedrig hängend, nur einen knappen Meter geplumpst. Allein – infolge mangelnder Sportlichkeit – landete er auf dem Hintern, und da der Boden aus Stein bestand, war die Prellung erheblich.

Tim sah hinauf.

Für einen Moment beugte Krätzkow sich über den Rand: unerreichbar über ihnen. Es mochten drei Meter sein.

Sekundenlang war der Rand der Falltür über Tims Kopf. Er spürte den Luftzug. Nur zu gern hätte er sich an die Falltür gehängt. Aber seine Hände waren dazu nicht fähig. Nichts hätte er halten können in diesem Moment – schon gar nicht das Gewicht seines athletischen Körpers.

Noch ein schmaler Streifen Helligkeit – jetzt schloß sich die Falltür. Finsternis umgab sie.

Verflucht! Tim versuchte, Fäuste zu machen. Dieser hinterhältige Mistkerl! Aber wer ahnt denn, was in diesem alten Gemäuer steckt!

Klößchen stellte sein Jaulen ab.

„Tim?"

„Ich bin hier."

„So ein Mist!"

„Das kannst du laut sagen."

„Ich wußte gar nicht, was los war. Und schon war ich weg. Dein linker Schuh stinkt."

„Was?"

„Ja, wirklich. Ich glaube, du bist in Hundeschiet getreten. Das merkt man nur, wenn man mit der Nase an der Sohle ist."

„Im Moment, Willi, ist das unser kleinstes Problem. Der Saukerl ist auf meinen Händen rumgetrampelt. Und Gabys Kettchen hat er mir abgerissen. Den schlage ich grün und blau. Bist du verletzt?"

„Mein Hintern ist sicherlich grün und blau. Aber ich schlafe ja sowieso auf der Seite. Wo sind wir hier eigentlich? Wenn's der Vorratskeller wäre, könnten wir eine Weile bleiben."

„Ich fürchte, es ist eine Art Verlies – ohne Tür, Fenster und Notausgang. Das Haus scheint noch älter zu sein, als man denkt. Hast du Streichhölzer?"

„Nee. Nichtraucher."

Wenn er Witze macht, dachte Tim, kann das nicht so schlimm sein mit seinem Hintern.

Er streckte einen Arm aus, machte zwei Schritte und stieß gegen eine feuchte, bemooste Wand.

Seine Hände schmerzten noch. Aber die Finger ließen sich bewegen. Offenbar war kein Knochen und keine Sehne verletzt.

Er tastete an der Wand entlang, bis zur Ecke, befühlte auch diese Wand und dann die beiden andern.

„Ein Verlies, Willi. Ziemlich quadratisch. Jede Wand ist vier Schritte lang, sehr alt und rauh, wie man fühlt. Zement ist es nicht, sondern Ziegelbauweise."

„Ob's hier Ratten gibt?"

„Pst!"

Über ihnen polterten Schritte.

Krätzkow ging zur Hintertür und verließ das Haus.

5. Befreit

Gaby legte beide Hände an ihre Wangen. Sie spürte die Hitze. Das war die Aufregung. O Gott! Was passierte jetzt?

Sie und Karl hatten beobachtet, wie Krätzkow, Tim und Klößchen durch die Hintertür im Haus verschwanden – und zwar in der Reihenfolge. Jetzt senkte sich Stille über den verunkrauteten Garten; und aus dem alten Gemäuer, dessen Fenster kaum größer als Schießscharten waren, drang kein Laut.

„Dauert aber lange!" sagte Karl.

„Wahrscheinlich sagt die Frau aus, daß alles gelogen ist. Krätzkow verliert sein Alibi."

„Und muß die Beute vorzeigen – den unechten Schmuck."

„Er ist echt. Echter Modeschmuck. Modeschmuck behauptet ja nicht von sich, daß er aus Gold, Platin und Brillanten besteht. Vielmehr ist er aus preiswerteren Metallen – und die Steine nennt man Cabochons. Ist Kunststoff, glaube ich, und keine Ewigkeit haltbar, trotzdem irre-schön."

„Aber das Kettchen, das du Tim geschenkt hast, ist Gold."

„Silber. Nur rundum vergoldet. Gold hätte ich nicht bezahlen können. War auch so teuer genug."

Sie warteten. Oskar streckte sich aus und schloß die Augen. Als eine blaue Fliege über seiner Nase kreiste, schnappte er zu. Aber die Fliege entkam.

„Da! Sieh!"

Karl reckte den Kopf. Das konnte er riskieren, weil sie den Rücken freihatten. Eduard von Lommingen war wieder in seinem Häuschen verschwunden.

Die Hintertür des Spukhauses hatte sich geöffnet.

Krätzkow stürmte heraus. Nach zwei Schritten stoppte er, als halte ihn ein unsichtbares Hindernis auf. Argwöhnisch blickte er nach allen Seiten – auch in Gabys und Karls Richtung.

Die beiden machten sich klein und hielten den Atem an. Letzteres geschah unbewußt, denn praktischen Nutzen hatte es nicht. Oskar schlief.

Krätzkow gewann die Überzeugung, niemand beobachte ihn, ergriff einen Spaten, der neben der Garage lag, und lief in den hinteren Teil des Gartens.

Neben einem Busch begann er zu graben.

Mit den Fingernägeln hätte er das auch geschafft. Denn nur wenig Erde flog beiseite, bis er auf die Blechschachtel stieß. Sie war größer als ein Schuhkarton.

Mit ihr unterm Arm lief er ins Haus zurück.

„Die Beute!" sagte Karl. „Hat dein Vater den Garten absuchen lassen?"

„Ging nicht. Weil er keinen Durchsuchungsbefehl erwirken konnte. Die Verdachtsgründe reichten nicht aus, meinte der Richter."

„Aber deines Vaters kriminalistischer Spürsinn sagte ihm, daß Krätzkow der Räuber ist. Nur Krätzkow kommt in Frage. Und deshalb sind wir eingestiegen. Wenige Augenblicke trennen uns nun vom Erfolg. Eigentlich müßte Klößchen in den Garten kommen und das Zeichen geben. Damit wir deinen Vater anrufen können."

„Findest du nicht auch, daß Krätzkow sehr gehetzt wirkte?"

„Wundert dich das? Zwei Nachwuchstypen haben ihn aufs Kreuz gelegt. Das nagt an der Ganovenehre."

„Ehre ist ein zu anspruchsvoller Begriff", räumte Karl ein. „Aber Krätzkows Selbstbewußtsein erleidet sicherlich Schaden, wenn er von unsereins gelinkt wird."

Sie beobachteten das Haus. Die Zeit verging langsam. Aber es kamen etliche Minuten zusammen. Oskar hatte sich auf die andere Seite gedreht. Zwei Ameisen marschierten über sein schwarzweißes Fell.

Wieder wurde die Hintertür geöffnet.

Jetzt! dachte Gaby. Dann weiteten sich ihre Kornblumenaugen.

Denn nicht Tim und Klößchen traten aus dem Haus, sondern Krätzkow und die Italienerin.

Er schleppte zwei schwere Koffer. Sie trug einen kleineren

und eine Reisetasche, deren Reißverschluß sich nicht schließen ließ, weil sie zu vollgestopft war.

Der Ganove hastete zur Garage. Als er den roten BMW rückwärts ins Freie fuhr, war das Gepäck schon im Kofferraum.

Anna Vareno hatte sich umgezogen, trug ein stadtfeines Kostüm und Kämmchen im Haar. Ihr Gepäck fand auf den Rücksitzen Platz.

„Die... hauen ab“, piepste Gaby mit ganz dünner Stimme. „Karl! Wo sind Tim und Klößchen? Was ist mit ihnen?“

„Um Himmels willen!“ flüsterte Karl. „Das... das sieht böse aus. Aber...“

Rückwärts rollte der BMW auf die Straße.

Sie hörten, wie er wendete und stadteinwärts davonfuhr.

Gaby schnellte hoch. Erschrocken richtete Oskar sich auf. Sie war schon am Zaun, kletterte hinüber und lief zum Haus.

Karl hob erst Oskar hinüber, dann folgte er ihr.

Oskar holte sein Frauchen ein und sprang neben ihr hoch. Er hielt die Eile für Spiel. Aber Gabys Herz pumperte angstvoll. Was war geschehen im Spukhaus – was aus ihren Freunden geworden?

Sie drückte auf die Klinke der Hintertür. Unverschlossen.

Im Haus war alles still.

Beide spähten in das muffige Halbdunkel, während Oskar schnuppernd hineinlief.

Karl legte die Hände an den Mund. „Tim? Willi? Seid ihr da?“

Die Antwort kam sofort. Aber Tims Stimme klang dumpf und schien aus dem Boden zu kommen.

„Hier sind wir. In einem Verlies unterm Boden. Gebt acht, wenn ihr auf die Falltür tretet. Seht euch erst den Boden an. Der Hebel für die Luke ist irgendwo links an der Wand.“

*

In der Abstellkammer neben dem Badezimmer entdeckte Karl eine Trittleiter. Mit ihrer Hilfe wurden Tim und Klößchen aus dem Gefängnis befreit.

Tim hatte – trotz unterirdischer Dunkelheit – auch die Gaspistole wiedergefunden. Klößchen jammerte unentwegt wegen seiner geprellten Kehrseite, und Tim ließ von Gaby seine Hände untersuchen – weil ihre Besorgnis guttat.

Sie stellte zwei Blutergüsse fest, während er berichtete.

Dann holte er das kleine Tonbandgerät aus dem Rucksack, den er noch immer auf dem Rücken hatte.

„Immerhin haben wir das Geständnis. Deinem Vater nützt es.“

Gaby übernahm den Anruf im Polizei-Präsidium und legte allen Schmelz in ihre Stimme. Das war auch nötig, um das zu erwartende Donnerwetter wenigstens etwas zu mildern.

Die Jungs sahen sich im Haus um. Die alten Möbel standen hier sicherlich seit Jahrzehnten. Nichts war von Interesse. Das Ganoven-Paar hatte allen persönlichen Besitz mitgenommen. So eine Blamage! dachte Tim. Beinahe hätten wir's geschafft. Ein halber Erfolg ist in diesem Fall zu wenig. Wegen unserer Eigenmächtigkeit. Jetzt taucht Krätzkow unter samt Freundin.

Und damit wird's noch schwieriger für die Polizei. Hoffentlich reißt uns der Kommissar nicht die Ohren ab.

„Wir warten hier, Papilein“, zierpte Gaby in den Hörer.

Sie legte auf. Angewidert rieb sie die Hände an einem Papiertaschentuch ab. Sie hatte Krätzkows Telefon benutzt, und der Hörer fühlte sich fettig an.

„Und?“ fragte Tim. „Kriegen wir Prügel?“

„Er hat zweimal gestöhnt und dreimal geseufzt. Wie ihr hören konntet, habe ich immer wieder betont, daß unser Handeln von Selbständigkeit und Verantwortungsgefühl geleitet wurde. Stimmt ja auch. Daß wir nur action wollen, kann uns keiner unterstellen.“

„Dafür“, feixte Klößchen, „war die Sache zu ernst. Mein Gott! – haben wir getrauert um Tims Schwester Sabrina. Wie elend sie umgekommen ist – vor unseren Augen. Hättest uns hören sollen! Beinähe hätte ich geflennt. Und dann haben wir die Wut rausgelassen. Krätzkow war beeindruckt. Der hielt uns tatsächlich für mörderische Schlägertypen. Stimmt's, Tim? Weil wir das so überzeugend gespielt haben, mußte er sein falsches Alibi aufdecken.“

Tim legte den Arm um seine Freundin. Was er sagte, galt auch Karl. „Bin richtig froh, daß wir zu viert sind. Ohne euch säßen wir jetzt noch dort unten.“

Karl grinste. „Diese Hütte ist, glaube ich, das älteste Privatgebäude der Stadt. Daß es ein Verlies gibt mit Falltür, wußte nicht mal mein Heimatkundler.“ In diesem Augenblick rollte ein Polizeiwagen durch die Einfahrt.

Zwei Uniformierte waren mitgekommen. Aber als erster stieg ein Zivilbeamter aus. Er war hochgewachsen, etwa Anfang Vierzig, hatte ein markantes Gesicht und schütteres Haar. Offensichtlich bemühte er sich um eine grimmige Miene, doch ganz hinten in den Mundwinkeln schien Belustigung zu zucken.

Gaby riß die Hintertür auf und flog ihm mit einem „Ach, Papilein, da bist du ja!“ in die Arme.

6. Mutmaßungen über Krätzkow

Das Donnerwetter entlud sich nicht. Es grummelte – sozusagen – nur hinter den Wolken.

Kommissar Glockner wußte, daß es schwieriger ist, den berühmten Sack Flöhe zu hüten, als die TKKG-Bande einigermaßen im Zaum zu halten. Immerhin stutzte er die vier zurecht – vonwegen Eigenmächtigkeit, Risiko und fragwürdiger Methode.

Alle ließen sich Zerknirschung anmerken. Nur Oskar himmelte sein Herrchen an und wedelte unentwegt.

Die beiden Polizisten durchsuchten inzwischen das Haus, fanden aber nichts, was Hinweis gegeben hätte auf die weiteren Pläne von Krätzkow und Freundin.

„Das Geständnis haben wir", meinte Glockner abschließend – und schob sich das Tonbandgerät unter den Arm. „Krätzkow wird zur Fahndung ausgeschrieben. Der Mann, auf den er in Salzburg geschossen hat, wird zwar am Leben bleiben – wie man uns mitteilte –, aber er bleibt behindert, nämlich teilweise gelähmt."

„Krätzkow hat kein Gewissen", sagte Tim. „Nicht nur, daß er mir fast die Finger zerquetscht hat – der hätte uns auch dem Hungertod überlassen. Dort unten."

„Gräßlich!" meinte Klößchen. „Von allen Todesarten die gräßlichste."

Ein Schmunzeln huschte über Glockners Gesicht, bevor er sagte: „Wir im Präsidium werden uns bemühen, aus eurem Teilerfolg einen ganzen zu machen. Das Haus hier wird überwacht. Und was ich noch sagen wollte: Euer Unternehmen wäre ein gefundenes Fressen für die Presse. Aber nicht ein Wort davon kommt in die Zeitungen. Sonst könnte Krätzkow – wenn er liest, wie er reingelegt wurde – auf Rache sinnen. Also haltet den Mund! Ist das klar?"

Alle nickten.

Nach dieser Ermahnung waren sie entlassen.

Es ist viel sonniger als vorhin, dachte Tim, als er in den Garten trat, die Luft viel klarer. Die Blumen sind bunter und die Bäume prächtiger. Spinne ich? Logo! Es ist der Gegensatz – zu dem finsteren Verlies. Das beirrt meine Sinne. Aber er wird's mir büßen, der Saukerl! Er hat mein Kettchen. Und meine Hände hat er mißhandelt. Könnte ich Klavier spielen – heute könnte ich's bestimmt nicht. Geige ebensowenig. Selbst am Schlagzeug hätte ich Mühe.

Keine Mühe hatte er mit seinem Rennrad, das immer noch an der Garage stand. Aber Drahtesel werden ja in erster Linie mit den Beinen bedient.

Er und Klößchen schoben die Tretmühlen zur Straße. Gaby führte Oskar an der Leine. Karl schlurfte nebenher.

Zu fünft bewegten sie sich am Zaun entlang – bis dorthin, wo Gaby und Karl ihre Räder angekettet hatten.

Die Latten, die das aushalten mußten, gehörten zu Eduards Jägerzaun.

Tim lächelte seine Freundin an.

„Hattest du Angst um uns, als wir verschwunden waren?"

„Wie man's nimmt", erwiderte sie. „Eigentlich wollte ich nach Hause fahren. Aber Karl meinte, wir müßten uns um euch kümmern. War ja auch nötig, wie sich dann rausstellte."

Karl hörte das und grinste. „Ich habe das etwas anders in Erinnerung. So leichenblaß habe ich Pfote noch nie gesehen. Sie kam gar nicht schnell genug über den Zaun."

„Ohne eure Hilfe", rief Klößchen, „hätten wir uns mit bloßen Händen einen unterirdischen Tunnel geschaufelt und wären dann als Maulwürfe im Garten aufgetaucht."

„Der Tunnel, durch den du paßt", lachte Gaby, „kann auch von der U-Bahn befahren werden. Und dafür gräbst du lange."

Klößchen setzte sich probeweise auf den Sattel, stieg aber gleich wieder ab.

„Entweder fahre ich stehend, oder ich laufe. Bin nämlich noch etwas empfindlich – hinten."

In diesem Moment rollte das Polizeifahrzeug an ihnen vor-

bei, und alle winkten eifrig. Was aus dem Wagen erwidert wurde.

Nachdenklich blickte Tim hinterher.

Ein Gedanke war aufgeblitzt unter seinen braunen Locken. Sofort überlegte er. Hatte der Kommissar ein Verbot ausgesprochen? Ihnen befohlen, auf keinen Fall nach Krätzkow zu suchen?

Nein. Hatte er nicht. Mit keinem Wort. Vielleicht, weil er das für selbstverständlich hielt. Aber Tim sah das anders.

Gaby spitzte die Rosenblätterlippen, als wollte sie pfeifen. Statt dessen pustete sie gegen ihren Pony, der kurz flatterte – wie der Flügel eines Jungvogels.

„Peter Carsten, woran denkst du?“ fragte sie streng.

„Woher weißt du, daß ich denke?“

„Du hast dann immer so verschwommene Pupillen.“

„Wahrscheinlich wegen des inneren Durchblicks“, lachte Karl.

Klößchen sagte: „Au, mein Hintern. Jetzt tut er erst richtig weh. Wenn ich Krätzkow noch mal begegne, werde ich mich hinterrücks anschleichen. Und dann... also, das wird der härteste Tritt aller Zeiten.“

„Überlegt mal!“ sagte Tim. „Krätzkow hat jetzt zwei Mitwisser. Uns beide. Geht er wirklich davon aus, daß wir im Kellerverlies abschnappen? Oder rechnet er damit, daß man uns irgendwann befreit – und wir ihn dann, schon aus Rache, bei der Polizei anschwärzen? So oder so – sein Maß ist voll. Besonders, wenn er sein Konto mit unseren Leichen belastet. Also muß er sich verdünnisieren. Wohin? Fürs Ausland fehlt ihm das Geld. Hätte er Kohle, würde er nicht in diesem Gemäuer hausen. Sein Wagen ist auch nicht der neueste. Mit der Modeschmuck-Beute kommt er nicht in die schwarzen Zahlen. Und daß er sich nach Südamerika rettet, bezweifle ich. Wo doch dort dieses komische Fieber grassiert. Wird von Mücken übertragen. Und die Biester sind Schnellstecher. Außerdem ist er mit seiner italienischen Freundin zusammen. Wie eine große Hilfe sah die mir nicht aus. Höchstens als Alibi-Zeugin. Alles in allem meine ich also: Krätzkow wird in der Stadt bleiben. Erstens ist sie groß genug. Zweitens gibt's hier 'ne Unterwelt. Drittens kennt er sich aus in unserem Häusermeer und den angrenzenden Landkreisen.“

„Messerscharfe Überlegung“, lobte Klößchen. „Huch, man könnte sich schneiden.“

„Jetzt liegt es an uns, seine Spur aufzunehmen“, spann Tim weiter, „damit aus dem Teilerfolg ein ganzer Erfolg wird.“

„Glaubst du, mein Papi hat endlos Geduld?“ fauchte Gaby.

„Was jetzt folgt, steht auf einem anderen Blatt. Willi und ich haben eine Rechnung mit dem Kerl zu begleichen. Ich schulde ihm was für den Tritt auf die Hände. Außerdem will ich mein Kettchen zurückhaben. Und Willi wird Krätzkows Hintern als Fußball benutzen."

„Außerdem", wandte Karl sich an Gaby, „ist dein Vater garantiert gnädig gestimmt, wenn wir ihm Krätzkows Schlupfwinkel nennen."

„Also suchen wir nach ihm", nickte sie – nach kurzem Nachdenken. „Aber wo? Bei wem? Wie? Ich sehe nicht den Hauch einer Spur."

Tim blickte zum Spukhaus zurück. „Er hat dort – wie wir wissen – zwei Jahre gewohnt. Hat nicht gearbeitet, sondern gelebt von dem, was die Vareno als Kellnerin nach Hause brachte. Aber Kontakte zu irgendwem gab es bestimmt. Sicherlich ist der eine oder andere schräge Vogel hier aufgetaucht. Und wer könnte das wissen? Wer hat eventuell beobachtet, von wem Krätzkow besucht wurde? Nun?"

„Du meinst..." Karl deutete zu Eduards Häuschen hinüber.

Tim nickte. „Du sagtest, da wäre ein Oldtimer (*jemand, der schon lange dabei ist*) zu Hause."

„Eduard von Lommingen. Ich kenne ihn ein bißchen."

„Zugänglich?"

„Ist riesig nett, würde ich sagen. Toller Schachspieler und weit gereist in jungen Jahren. Gelernter Biologe (*Erforscher der Lebensvorgänge in der Natur*). Aber Privatwissenschaftler. War nie Pauker."

„Wie sympathisch!" meinte Klößchen.

„Kann er noch weit blicken?" fragte Tim. „Oder sind die Augen schwach?"

„Keine Ahnung." Karl zuckte mit den Achseln. „Die Figuren auf dem Schachbrett sieht er."

„Na, wir werden es hören", meinte Tim – und schob sein Rad zur Gartenpforte.

7. Liebenswerte Dame statt alter Hexe

Da war er wieder!

Eduard von Lommingen hatte das Fenster geöffnet. Er konnte hinübersehen ins Nachbargrundstück – bis zu Lenas Haus.

Jetzt spürte er, wie die Galle ihm hochkam. Aufregen konnte er sich immer noch wie ein Jüngling, obwohl er fast 80 war.

Otto Renz, genannt ‚Häuserkönig', stand drüben vor der Haustür, nahm den Daumen nicht von der Klingel und begann jetzt, mit der Faust gegen die Tür zu hämmern.

Im Obergeschoß, hinter der Spitzengardine, bemerkte Eduard eine Bewegung. Natürlich! Lena war zu Hause. Aber sie versteckte sich. Sie hatte Angst vor diesem Kerl.

Renz war ein plumper Hüne mit den Manieren eines Rüpels.

„Ich weiß doch, daß Sie da sind!" brüllte er in die Stille des Sommernachmittags. „Machen Sie auf. Sonst reiße ich Ihnen die Bude über dem Kopf ab!"

Ich muß ihr zu Hilfe kommen, dachte Eduard. Aber wie?

Er schloß das Fenster, faßte seine Tabakpfeife fester und eilte zur Haustür.

Als er sie öffnete, breitete sich Verblüffung über sein Ledergesicht.

Vier Jugendliche standen vor ihm – jedenfalls fast auf der Treppe. Ein Hund war dabei, ein hübscher Cocker-Spaniel. Und den einen, Karl Vierstein, den kannte Eduard.

Offensichtlich wollten die vier zu ihm. Aber jetzt blickten sie zu Lenas Haus hinüber, denn der brüllende Renz war nicht zu überhören.

*

Hat da einer die Tollwut? dachte Tim. Oder plaudert der immer so?

Er und seine Freunde sahen den Wüterich nur schemenhaft.

Zwei Birken standen im Weg. Um so deutlicher aber hörte man das Gebrüll.

Aus den Augenwinkeln bemerkte Tim, daß die Tür, vor der sie standen, sich geöffnet hatte. Edu, der Oldie, trat in Erscheinung.

Tim stieß Karl an. Der – als Bekannter – sollte das erste Wort führen.

„Tag, Herr von Lommingen", rief Karl. „Erinnern Sie sich an mich? Bin der Sohn von Professor Vierstein und..."

„Ich kenne dich, Karl", wurde er von Edu unterbrochen. „Aber jetzt... Kleinen Moment, ja? Muß mal sehen, was da drüben los ist."

Eilig stiefelte er an der TKKG-Bande vorbei in Richtung Zaun. Tim folgte ihm, als wäre es das Selbstverständlichste der Welt; und seine Freunde samt Oskar schlossen sich an.

Mieser Typ! dachte Tim. Er schob die Brauen zusammen und musterte den Wüterich. Einen roten Nacken hatte der und Speckwülste über dem Kragen. Sein Wagen, ein gelber Mercedes aus der teuersten Serie, parkte vorn an der Straße.

„Tag, Herr Renz", sagte Edu und stützte einen Arm auf den Zaun.

Renz drehte sich um. Er sah von vorn nicht besser aus, nämlich wütend und feist.

Mit Riesenschritten kam er heran.

„Kennen Sie mich? Woher kennen Sie mich? Ach so! Ist auch egal. Wissen Sie, wo die Fleising ist?"

Edu hob die Achseln. „Worum geht's denn?"

„Worum es geht?" blaffte Renz. „Wollen Sie behaupten, die alte Hexe hätte Ihnen nichts erzählt?"

„Wenn Sie Frau Fleising meinen – sie ist keine alte Hexe, sondern eine liebenswerte Dame. Ich schätze sie sehr."

Renz schien nicht hinzuhören. Ein geringschätziger Blick streifte die TKKG-Bande. Geradezu mit Abscheu sah er Oskar an.

„Vor einem Jahr", sagte Renz durch die Zähne, „habe ich

der alten Hexe gekündigt. Ich brauche die Bude. Aber die Alte geht nicht raus. So was wie die – gehört doch ins Altersheim."

„Frau Fleising", entgegnete Edu, „wohnt hier seit 37 Jahren. Immer in Frieden, denn mit Ihrem Herrn Vater kam sie gut aus. Sie ist 76, herzkrank und gebrechlich. Sie möchte den kleinen Rest Leben, der ihr noch bleibt, hier verbringen. Der Umzug ins Altersheim – in jede neue Umgebung – könnte ihr Tod sein. Wissen Sie das?"

„Soll ich Ihnen was sagen?" Renz beugte sich vor. „Es ist mir völlig egal. Die Alte hat lange genug gelebt. Jetzt nimmt sie andern nur den Platz weg."

„Vor allem blockiert sie Ihr Neubau-Projekt, nicht wahr? Sie wollen das Häuschen abreißen und eine klotzige Wohnanlage hinsetzen."

Statt einer Erwiderung streifte Renz seinen rechten Schuh an einem Grasbüschel ab.

„Verdammt!" knurrte er. „Immer dieser Hundedreck, in den man tritt. Ein Glück, daß das Vieh tot ist."

Tim spürte, wie sich seine Rückenmuskeln spannten. Von welchem Hund sprach der?

Der alte Edu, der erstaunlich viel Courage (*Mut*) bewies, atmete zitternd. Offenbar traf die Bemerkung des Baulöwen einen empfindlichen Nerv.

„Woher wissen Sie das?" fragte Edu. „Lenas Dackel wurde vor drei Tagen überfahren. Von einem Unbekannten. Einem Mistkerl! Der hat Lumpi dann einfach hier in den Garten geworfen."

Renz hob den Mundwinkel. Für einen Moment blitzten ein paar Goldkronen auf.

„Irgendwer hat mir erzählt", feixte er, „daß es passiert ist. Richten Sie der Alten aus: Morgen abend komme ich wieder. Dann wird sie gefälligst zur Kenntnis nehmen, wann hier der letzte Termin ist. Wäre ja gelacht, wenn ich die Alte nicht rauskriege."

Edu nickte. „Einer wie Sie geht über Leichen. Da zählt ein

alter Mensch nicht und ein kleiner Hund noch weniger. Hauptsache, Sie machen Ihren Reibach (*unehrenhaft hoher Gewinn*)."

Renz blickte tückisch. „Spucken Sie nicht so große Töne, alter Knacker. Sie werden nämlich der nächste sein, der umzieht. Ihr Vermieter will verkaufen. Kann sein, daß ich zugreife."

Er wandte sich ab. Durch den weitläufigen Garten stampfte er zur Straße zurück.

Edu und die TKKG-Bande sahen ihm nach.

Wie ein Landesvater quetschte Renz seinen breiten Hintern

in den Mercedes. Der Wagen fuhr ab – viel zu schnell, woraus sich ersehen ließ, daß Renz wutgeballt und damit nicht ganz fahrtüchtig war.

„Ich wußte gar nicht", sagte Tim, „daß es so liebenswürdige Mitmenschen in unserer Stadt gibt. Ist ja ein richtiges Herzblatt, der Herr Renz. Er hat doch hoffentlich Sitz und Stimme im städtischen Bau-Ausschuß."

Edu lächelte. „Soweit braucht der sich nicht vorzuwagen. Wenn Renz ein zweifelhaftes Bau-Vorhaben durchsetzen will, schmiert er die richtigen Leute. Das genügt."

„Ihm müßte man eine schmieren", sagte Klößchen.

„Wie war das mit Lumpi?" fragte Gaby mit klirrender Stimme. „Was Sie sagten, klang, als habe man den Hund absichtlich überfahren. Um Frau Fleising zu schikanieren (*jemanden in böswilliger Weise Schwierigkeiten machen*)."

„Du sagst es", nickte Edu. „Aber wie soll man das beweisen? Renz selbst ist bestimmt nicht der Täter. Er ist Auftraggeber und läßt machen. Sein Handlanger müßte gestehen."

Er wandte den Kopf und blickte zu dem Spukhaus hinüber.

Hoppla! dachte Tim. Meint er Krätzkow?

Karl trat schon zum vierten Mal von einem Fuß auf den andern, was Ungeduld war. Sicherlich – man unterhielt sich bereits wie alte Bekannte, denn die Situation lockte in allen die gleichen Gefühle hervor: Empörung und Abscheu. Aber vorstellen wollte Karl seine Freunde nun doch.

„Wie Sie sich sicherlich denken können", rief er, „waren wir gerade auf dem Weg zu Ihnen, Herr von Lommingen. Das hier ist Gaby Glockner, die einzige Weiblichkeit in unserer TKKG-Bande. Peter Carsten, Tim genannt, ist der Anführer, was aber nicht zu selbstherrlichen Entscheidungen führt, sondern immer zur Abstimmung. Willi Sauerlich hört auf den Spitznamen Klößchen."

„Eigentlich höre ich nicht darauf", sagte Klößchen. „Weil ich ihn untypisch finde für meine Person. Zwar lehne ich Klöße nicht ab, doch Schokolade ist mir lieber."

„Schokoladen-Klößchen“, sagte Gaby, „wäre als Spitzname zu lang.“

„Und wie heißt er?“ Lächelnd bückte Edu sich zu Oskar hinab, was – trotz altersbedingter Steifheit im Kreuz – noch recht gut gelang.

Oskar wurde vorgestellt und gab sogar artig die Pfote.

„Tja“, übernahm Tim dann das Wort, „gewissermaßen wegen einer Auskunft wollten wir Sie aufsuchen. Und gerade zur rechten Zeit, wie ich meine. Denn daß sich hier die Schwierigkeiten türmen, liegt ja flach auf der Hand. Vielleicht ist Renz nach den Buchstaben des Gesetzes im Recht – aber menschlich benimmt er sich wie ein Stück Dreck. Was Lumpis Ende betrifft – da werden wir ein bißchen nachforschen, wie ich uns kenne. Doch zunächst komme ich mal auf die erwünschte Auskunft zurück.“

Edu hatte Oskar kurz betätschelt, richtete sich auf und bewegte vorsichtig das linke Knie.

„Ich muß mich ein bißchen hinsetzen. Vor 71 Jahren habe ich mir beim Fußballspielen eine Knieverletzung zugezogen. Man glaubt's nicht, aber die ist immer noch nicht weg.“

„Trotzdem die Hoffnung nicht aufgeben!“ lachte Tim. „Und nie ohne Bandage spielen!“

Edus Mundwinkel zuckten. „Guter Rat, Tim! Vielleicht gelingt's mir nun doch: der Sprung in die Nationalmannschaft.“

8. Die Methoden des ‚Häuserkönigs'

In Edus Wintergarten war Platz für alle. Ein Fenster stand offen. Topfpflanzen und Zimmerpalmen atmeten Sommerluft.

Oskar rollte sich auf einem bunten Teppich zusammen, der nach indianischer Handarbeit aussah.

Der Oldie fragte seine jungen Gäste, ob er eine Erfrischung anbieten könne. Aber das hätte ihm Mühe bereitet, wie alle bemerkten. Man dankte und lehnte ab. Lediglich Klößchen hatte eine begeisterte Zustimmung auf der Zunge gehabt, war aber – bevor er's aussprechen konnte – unter den Blicken seiner drei Freunde zurückgezuckt.

„Toll!" Tim sah sich im Wintergarten um. „Alles selbst gesammelt?"

„Habe ich mitgebracht von weiten Reisen", nickte Edu. „Ja, ich war unterwegs in der Welt. Bin zwar Biologe. Aber auch die Völkerkunde hat mich sehr interessiert."

Er erklärte die Geräte und primitiven Waffen, die an den Wänden hingen.

Eine Friedenspfeife nordamerikanischer Indianer war darunter, ein Tomahawk (*Streitaxt*), ein Blasrohr für vergiftete Pfeile aus Südamerika, eine Bola (*Wurfgerät mit in Leder gehüllten Steinkugeln*), ein Schrumpfkopf – kaum größer als ein Apfel, ein australischer Bumerang, das tödliche Wurfbrett der Eskimos, die Stoßharpune, ein malaiischer Kris (*Dolch*) und eine tibetanische Gebetsmühle. Reichverziert war der afrikanische Tanzstock, eine Seltenheit der Kirri (*lange Keule mit verdicktem Kopf*).

„Waren Sie irgendwo nicht?" fragte Tim.

„Um ehrlich zu sein", antwortete Edu, „die nähere Umgebung unserer schönen Stadt kenne ich kaum."

„So ist das mit den Weltenbummlern", gab Klößchen seinen Senf dazu. „Sie schweifen in die Ferne und sehen nicht, daß das Gute so nahe liegt."

Tim trat zu einem Glasschrank. Im oberen Fach lagen drei

walnußgroße Kürbisse. Einer war angeschnitten. Offenbar enthielt er eine harzige Substanz (*Stoff*).

„Sind das Bonsai(*Zwerg*)-Kürbisse?"

Karl war neben ihn getreten. „Wenn ich das richtig sehe", meinte er, „handelt es sich um Kalabassen-Curare." Fragend sah er Edu an.

Der Alte nickte. „Stimmt, Karl. Ein Gift der südamerikanischen Indianer. Wirkt absolut tödlich, wenn es in die Blutbahn gelangt. Die kleinste Verletzung genügt. Die drei Knollen sind allerdings uralt. Haben bestimmt viel eingebüßt von ihrer Wirkung. Wen man damit impft, der kriegt wahrscheinlich nur Ausschlag. Oder Sodbrennen."

„Ist das erprobt?" fragte Tim.

„Nein. Ich vermute es."

Tim setzte sich wieder.

Die Korbstühle, auf denen alle saßen, knackten und knisterten. Tim lehnte sich zurück.

„Nun aber endlich zum Grund unseres Hierseins", sagte er: „Es geht um Ihren Nachbarn auf der anderen Seite, Herr von Lommingen. Um Alfons Krätzkow und Anna Vareno. Uns interessiert brennend, wer deren Freunde sind – deren Bekannte. Weil die beiden nämlich die längste Zeit Ihre Nachbarn waren. Und zwar deshalb ..."

Er hatte sich entschieden. Der Oldie durfte, er mußte wissen, weshalb sie nach Krätzkow suchten. Ihm, Edu, was vorzulügen, wäre nicht fair gewesen. Im übrigen war er garantiert zuverlässig und würde nichts ausplaudern. Was die TKKG-Bande angestellt hatte, erreichte bestimmt nicht das Ohr eines Reporters.

Tim berichtete also.

Staunend hörte Eduard zu. Mehrmals rieb er sich die Augen, als höre er nicht richtig. Hätte er sich die Ohren gerieben, wären ihm wichtige Worte entgangen.

„Bin fassungslos", meinte er, als Tim alles gesagt hatte. „So ist das also. Jetzt wundert mich nichts mehr. Das paßt zu meiner Beobachtung. An dieser Stelle, Kinder, fließen unsere Interessen zusammen. Krätzkow, der Arbeitsscheue – so habe ich ihn immer genannt bei mir – wurde nämlich tatsächlich mehrmals besucht von einem Typ, den inzwischen auch ihr kennt. Von Renz, dem Häuserkönig."

„Demselben, der eben hier rumgebrüllt hat?" erkundigte sich Klößchen. Offenbar stand eine Elefantenherde auf seiner Leitung.

„Den nämlichen", nickte Edu. „Einmal habe ich sie auch in der Innenstadt gesehen. Sie verschwanden gerade in einer Bar. Oder war's ein Café? Für mich steht jedenfalls fest: Krätzkow macht für Renz den Handlanger. Um rechtsgültige Geschäfte handelt es sich dabei bestimmt nicht. Nein! Sondern ... Vorausschicken muß ich: Ist euch bekannt, daß Renz überall in der

Stadt Häuser und Grundstücke aufkauft? Er hat eine Baufirma und ein Immobilien-Büro. Dort vermittelt er an Kunden Häuser und Wohnungen. Aber in erster Linie benutzt er das Immo-Büro, glaube ich, um für sich günstige Objekte rauszufischen. Günstig bedeutet: Billig erwerben, teuer – überteuert – verkaufen. Dabei geht es sicherlich nicht mit rechten Dingen zu."

„Was heißt das in diesem Fall?" fragte Tim.

„Nun. Man kann mit verbrecherischen Methoden nachhelfen, wenn ein Eigentümer zum Verkaufen nicht bereit ist. Man kann ihn solange unter Druck setzen, bis er aufgibt. Bei Lena Fleising drüben wurden mehrmals die Fensterscheiben eingeschlagen. Ich wette, das war Krätzkow. Hat's getan in Renz' Auftrag. Aber meine Nachbarin ließ sich nicht beeindrucken. Jetzt mußte Lumpi sterben. Ich fürchte, Lena kann nicht mehr. Sie hat ihren Hund sehr geliebt. Daß er tot ist, verdrängt sie aus ihrem Bewußtsein. Sie tut so – oder bildet es sich tatsächlich ein, als wäre er noch da. Es ist schrecklich für mich, mitanzuhören, wie sie abends die Tür öffnet, daß er nochmal Gassi gehen kann – in den Garten. Ich habe Lumpi begraben. Aber ich wage nicht, mit ihr darüber zu reden. Wie ihr gehört habt, will Renz meine Nachbarin zwingen, aus dem Häuschen auszuziehen. Aber Mieter haben einen gewissen Schutz – zumal, wenn sie alt und krank sind. Sie einfach raussetzen – das geht nicht. Deshalb macht Renz ihr jetzt das Leben zur Hölle, und Krätzkow – das ist meine felsenfeste Überzeugung – hilft ihm dabei."

Irre! schoß es Tim durch den Kopf. Erschreckend einerseits – wenn man bedenkt, was Ganoven ihren Mitmenschen antun. Günstig andererseits – denn mit einem Klatsch sind möglicherweise sämtliche – uns, Lena und Edu betreffenden – Probleme gelöst. Da gibt's nur eins: Ran an die Fleischklopse – oder wie das heißt!

„Wenn wir Krätzkow erwischen", sagte er, „reißt der den Renz mit. Der wird als Verbrecher entlarvt, und Ihre Nachbarin muß nicht ins Altersheim. So sehe ich unsere Marschroute. Ja, Gaby?"

Ihr Gesicht – für Tim das absolut schönste in der Stadt und auf dem Erdkreis – glühte.

„Wir haben schon eine Verbündete im feindlichen Lager“, rief sie. „Hoffe ich.“

„Wie das?“

Sie wandte sich an Edu. „Re-Immo! Ist das Renz’ Immobilien-Büro?“

Der Alte nickte. „Re steht offenbar als Abkürzung für Renz. Ist ja auch begreiflich, wenn man einen so schrecklich langen Namen hat.“

„Blöd von dem Kerl“, urteilte Klößchen. „Das wäre genauso, als würde mein Vater unsere erstklassigen Kakao-Produkte Sau-Schoko nennen. Mit der Begründung: Sau ist ’ne Abkürzung von Sauerlich.“

„Ach, der Sauerlich bist du“, meinte Eduard. „Als ich noch eigene Zähne hatte, habe ich eure Schokolade gern genascht. Jetzt schmeckt leider alles nach Haftpulver. Ohne das halten meine dritten Beißerchen nicht.“

Tim hustete vernehmlich, obwohl er frei war von jeglicher Erkältung. Für ihn, den Zielstrebigen, sind Abschweifungen ein Greuel.

„Gaby, welche Verbündete haben wir im feindlichen Lager?“

„Sie heißt Julia Vendel. Eine ältere Person aus unserer Sicht. Mindestens Ende Zwanzig. Sie wurde voriges Jahr des Diebstahls verdächtigt, an ihrem Arbeitsplatz in einem Kaufhaus. Der Fall fiel zwar nicht in die Zuständigkeit meines Papis. Aber er stieß zufällig drauf und konnte ihr helfen, nämlich nachweisen, daß alles ein Irrtum war. Seitdem ist sie ihm dankbar, als hätte er ihr das Leben gerettet. Mehrmals schon hat sie uns Blumen geschickt.“

„Und?“

„Von ihrem Job im Kaufhaus hatte sie die Nase voll. Weil ja alles Verleumdung war.“

„Und?“

„Sie mußte aber Geld verdienen. Der einzige Job, der sich anbot, war bei Re-Immo. Dort sitzt sie im Büro."

„Phantastisch!" murmelte Tim. „Vorausgesetzt, sie spielt mit."

„Garantiert!" nickte Gaby. „Ich glaube, sie hat Papi gegenüber mal angedeutet, daß so ein Immobilien-Büro das Hinterletzte ist. Besonders das von Renz. Nur Geldschneiderei und arglistige Täuschung. Schwindel ist gefragt. Das ist die Leistung."

Tim sprang auf. Die Ameisen in seinem Blut ließen längeres Stillsitzen nicht zu.

„Wir melden uns wieder, Herr von Lommingen, sobald erste Ergebnisse vorliegen. Besten Dank für die Auskunft."

9. Der Kumpel sitzt noch

Langsam rollte der rote BMW durch die Gasse. Es war in der Nähe des Hauptbahnhofs. Der Sommernachmittag hatte seinen Höhepunkt überschritten. Nicht mehr lange, und die Geschäfte würden schließen.

Krätzkow lenkte seinen Wagen. Nur mit einer Sonnenbrille hatte er sich getarnt. Weitere Vorsichtsmaßnahmen waren zunächst noch nicht erforderlich, wie er meinte.

Sicherlich – irgendwann würde man die beiden Schlägertypen in ihrem Verlies entdecken. Und dann konnte es eng für ihn werden. Für morgen früh war ein Klempner bestellt. Wenn der vor der Tür stand und vergeblich klingelte, schrien sich die beiden bestimmt die Kehle heiser. Das mußte er hören.

Garantiert, dachte er, hauen sie mich dann in die Pfanne, und Kommissar Glockner bläst zur Jagd auf mich. Soll er! Finden wird er den Krätzkow nicht.

Anna, die neben ihm saß, schluchzte.

Mit Engelszungen redend, hatte er sie davon überzeugt, daß sie sich vorerst trennen mußten. Um erfolgreich unterzutauchen, konnte er sich mit ihr nicht belasten, zumal sie etwas schwerfällig war und manchmal geistig hinterher hinkte.

Sie fügte sich. Jetzt brachte er sie zum Bahnhof. Sie wollte zu einer Freundin fahren – in irgendein Kaff – und dann weiter gen Italia, nämlich nach Rom zu ihren Eltern, wo sie allemal gut aufgehoben war. Selbstverständlich hoffte sie, bald von Renz zu hören. Aber wo er sich aufhalten wollte, verriet er ihr nicht.

„Alfons, du schreibst mir", schnüffelte sie.

„Aber ja. Jeden zweiten Tag."

„Bestimmt?"

„Ich schwöre es."

„Und wenn alles gut wird, komme ich zurück."

„Ich hole dich."

„Und wir machen Ferien am Strand. Am Lido di Ostia (*Strand nahe Rom*)."

„Ich kann's gar nicht erwarten, mein Schatz."

Er wußte nicht, ob sie ihm glaubte. Daß er nichts mehr von sich hören lassen würde, war klar. In seiner Zukunft war kein Platz für eine abgelegte Freundin.

Jetzt hieß es also, Abschied nehmen. Das geschah auf dem Hauptbahnhof-Parkplatz, kurz und schmerzlos, obwohl Anna pausenlos schluchzte.

Sie stand noch lange da und winkte. Der rote BMW war längst verschwunden. Aber mit ihren tränenverschleierten Augen sah sie das nicht.

Nachdenklich kaute der Ganove auf seiner dünnen Unterlippe. Wohin jetzt zum Untertauchen? Zu Renz, dem Häuserkönig? Der würde sich bedanken. Als Auftraggeber war er gut, bezahlte auch stets prompt und auf die Hand. Aber sobald er helfend einspringen sollte, kannte er die besten Freunde nicht mehr und ließ sich meistens nicht sprechen.

Heinz Obrecht, genannt ‚Lippe'!

Wie ein entschärfter, demnach also gutartiger Blitzstrahl zuckte Krätzkow die Erinnerung durchs Hirn. Die Erinnerung an den alten Kumpel, der sich für nichts zu schade war und jeden Dreck anfaßte.

Mit Obrecht einen großen Coup – und dann ab in ein freundliches Ausland, wo nur Geld zählte und nicht nach Vorschriften gefragt wurde. Das war der richtige Weg.

Allerdings hatte die Sache einen Haken. Heinz Obrecht war nämlich damals zu zwei Jahren Knast verurteilt worden. Wann? Mann o Mann, vor zwei Jahren. Also?

Krätzkow kannte die Adresse. Weshalb Obrecht so schmerzhaft reingeschlittert war, wußte er nicht. Ob Diebstahl, Einbruch, Betrug, Körperverletzung – war ja auch egal, wie die Bullen und die Richter es nannten. Entscheidend blieb immer, ob man hinter Gitter mußte oder nicht.

Alsbald rollte Krätzkows Wagen durch ein Vorstadtviertel, wo die Mieten niedrig waren und bei weitem nicht jede Wohnung ein eigenes Bad hatte.

Obrechts Haus stand noch. Himmel, wie lange war er nicht hier gewesen! Hinter den Fenstern hingen saubere Gardinen. Das ließ Rückschlüsse zu auf Paulines Gemütszustand. Pauline war eine mürrische Person. Aber zu ihrem Mann hielt sie – durch dick und dünn. Und meistens kam's dick.

Sie öffnete, nachdem er geklingelt hatte. In einer Hand hielt sie den Wischlappen, in der anderen die Zigarre. Sie war leidenschaftliche Raucherin, und ihr Atem hatte meistens den Schadstoffgehalt eines nicht-entgifteten Fabrikschlots. Figürlich war sie drall, das Gesicht rund und fest.

„Ist das nicht der Alfons Krätzkow?" Sowas wie Freude zuckte in den Mundwinkeln auf.

„Aber ja. Tag, Pauline! Gut siehst du aus. Wie geht's sonst? Danke, mir auch schlecht. Hahahah! Wollte mal sehen, was Lippe macht. Ist er draußen?"

„Nee!" Sie schüttelte den Kopf, und die Miene verdüsterte sich. „Heinz sitzt noch. Aber die große Lippe hat er noch immer. Schimpft den lieben langen Tag! Manchmal hat er richtig frische, rote Backen – vor Wut!"

„Sitzt noch?" wunderte sich Krätzkow. „Ich dachte..."

„In drei Tagen lassen sie ihn raus. Ich putze gerade die Hütte. Aber komm rein! Für einen Schnaps ist immer die richtige Zeit."

Im Wohnzimmer stand eine Reihe von Putzmitteln auf dem Klavier. Die Luft roch desinfiziert (*keimfrei*). Reinigungsschaum bedeckte die Sitzflächen der Polstermöbel. Krätzkow setzte sich auf den Klavierhocker. Das war die einzige Möglichkeit.

„Bin ein bißchen im Druck", erklärte er, während Pauline die Schnapsgläser füllte. „Werde wohl erstmal 'ne Weile untertauchen. Aber den Kontakt zu Heinz lasse ich nicht abreißen. Weshalb schimpft er soviel?"

Sie gab ihm das Glas. „Weil 's eine Ungerechtigkeit ist, ein Justizirrtum. Er hat das Ding nicht gedreht, aber sie haben ihn trotzdem verurteilt."

Ist das nicht der Alfons Krähkow?

„Was? Er ist wirklich nicht schuldig?"

„Ehrlich nicht. Was auch immer er sonst anstellt – in der Sache war er unschuldig."

„Gibt's doch nicht."

„Gibt's doch! Heinz ist der Beweis. Die Richter sind Penner."

Sie tranken sich zu. Krätzkow murmelte: „Auf dich und auf Heinz." Er schnalzte mit der Zunge und sah zur Flasche hin. Aber die stand schon wieder im Schrank. Paulines Großzügigkeit hielt sich in Grenzen. „Was für 'ne Sache war denn das, Pauline?"

„Kennst du Fühme? Erich Fühme? Der Typ hat eine Tankstelle ganz am Ende der Tettrichsteiner Landstraße. Damals, im Juli ungefähr, wurde er überfallen. Der Täter hatte sich mit einer Faschingslarve unkenntlich gemacht. Er hielt Fühme eine Pistole unter die Nase und grapschte das Geld aus der Kasse. Dabei verlor er die Maske. Aber er konnte entkommen. Eine Stunde später standen die Bullen hier bei uns auf der Matte."

„Nein!"

„Doch! Weil sie von Heinz wissen, daß er sich mal eine Clownsmaske, mal eine Schweinslarve – jedenfalls immer was Lustiges – vors Gesicht gehängt hat, wenn er Geld holte."

„Aber das waren Jugendsünden. Er hat dazugelernt. So macht er's doch längst nicht mehr."

„Erzähl das den Bullen. Die glauben nur, was sie glauben wollen. Heinz hat Vorstrafen. Da steht drin, daß er als Weihnachtsmann eine Drogerie geplündert hat, als Osterhase einen Lotto-Einnehmer ausgenommen und als Faschingsclown einen Kiosk überfallen hat. Also war er 's auch diesmal. Leider konnte ich ihm kein Alibi geben, weil ich gerade verreist war – zu meiner Schwester nach Maulhausen. Tja, und dann stellten sie Heinz diesem Fühme gegenüber. Was sagt der Idiot? ‚Der war's, Herr Kriminal-Hauptmeister. Jawohl, der! Ich erkenne ihn genau.' Und das, Alfons, wo doch jeder weiß, daß der Fühme ganz schlechte Augen hat. Der hat schon versucht, einen Bootsanhänger zu betanken, weil er dachte, es sei der Bus von 'ner Kaffeefahrten-Firma."

Krätzkow machte eine halbe Drehung auf dem drehbaren Klavierhocker, was seine Verwunderung ausdrückte.

„Man glaubt es nicht."

„Und deshalb ist er seit zwei Jahren nur noch wütend", nickte Pauline.

„Verstehe ich."

Krätzkow öffnete den Klavierdeckel.

Die weißen und schwarzen Tasten fletschten die Zähne, so schien es ihm.

Er schlug einen Akkord an. Das klang nicht wie der neueste Hit, aber es war auch nicht falsch. Er konnte vier Akkorde anschlagen. Damit erschöpfte sich sein musikalisches Vermögen. In einer Kneipe, wo ein ständig betrunkener Klavierspieler klimperte, hatte er sich das abgeguckt.

„Wozu habt ihr eigentlich ein Klavier", meinte er. „Keiner von euch kann spielen."

„Ist ein Erbstück von meinen Eltern. Die konnten auch nicht spielen. Aber es sah gut aus in der Wohnung."

Er nickte. „Vielleicht kaufe ich 's euch ab. Ich klimpere gern darauf rum."

„Heinz muß entscheiden, ob 's verkauft wird. Mir liegt nichts dran."

„Weißt du irgendwo in der Nähe ein leerstehendes Haus? Wo ich einziehen kann, ohne daß der Besitzer dumm fragt. Ich meine, ohne Anmeldung und so. Der Besitzer kriegt seine Scheine – und damit fertig."

„Sowas gibt's immer. Vor allem drüben in Richtung Schlachthof. Ich höre mich mal um."

Krätzkow grinste. „Weißt du was: Ab morgen wird wahrscheinlich nach meinem Wagen gesucht. Den werde ich heute nacht bei diesem Fühme abstellen. Gerade noch mit zwei Rädern auf seinem Tankstellen-Gelände. Vielleicht macht 's ihm Ärger."

Pauline lachte. „Werde ich Heinz erzählen."

„Ich melde mich wieder. Schönen Dank für den Schnaps."

Draußen ließ der Nachmittag nach. Ein warmer Sommerabend schickte braune Schatten als Vorboten.

Krätzkow fuhr bis zu einer Postamt-Nebenstelle in der Nähe. Dort verzog er sich in eine Telefonzelle und rief an bei Re-Immo, dem Immobilien-Büro des Häuserkönigs.

Julia Vendel, eine frische junge Frau, meldete sich.

„Meier, Schorsch-Edgar Meier", sagte Krätzkow. „Guten Tag. Ich muß unbedingt den Herrn Renz sprechen. Ist was Privates."

Er wurde verbunden. Renz' Dröhnstimme füllte die Leitung. „Bist du 's, Krätzkow?"

„Bin ich. Also, Renz, bei mir hängen die Fahnen auf Halbmast. Weil nämlich..."

Er berichtete. Renz unterbrach ihn nicht, fluchte aber viermal.

„Schöner Mist!" knurrte er dann. „Gerade jetzt, wo ich dich brauche."

„Daß ich untertauche, hat darauf keinen Einfluß, bin jederzeit startklar."

„Hoffentlich. Wo erreiche ich dich?"

„Ruf an bei Pauline Obrecht, Schlachthaus-Straße 11. Der Anschluß lautet allerdings auf ihren Mann Heinz. Heinz Obrecht. Zur Zeit sitzt er noch."

Renz knurrte. Dann kam er auf Krätzkows Schlamassel zurück. „Daß du das mit den beiden Schlägertypen nicht verhindern konntest – also nein! Bei einem Profi wie dir?"

„Fixer sind unberechenbar! Die wollten mich fertigmachen. Für die stand fest, daß ich dieses Mädchen auf dem Gewissen habe. Ich mußte den Gegenbeweis liefern. Ein Rätsel ist mir, wieso die meinen Wagen gesehen haben wollen. Aber so ist das Leben. Ein blöder Irrtum, weil der Bengel sich verguckt – und schon steht einem das verpestete Wasser bis zum Hals."

„Du sagst, es waren ein großer Sportlicher mit Jeans-Weste

auf nackter Haut und ein kleiner Fettmolch mit Hundeketten. Komisch! Zwei, auf die das zutrifft, habe ich vorhin bei dem alten Knacker gesehen. Dem von Lommingen."

„Das ist gleich nebenan", rief Krätzkow verblüfft. „Dann sind die ja schon wieder draußen."

„Geh mal davon aus. Und mach dich unsichtbar."

„Hast recht", murmelte Krätzkow. „Vor allem muß ich den Wagen loswerden."

10. Eine nette Verbündete

Am Mittag des nächsten Tages standen nur drei winzige Wölkchen am Sommerhimmel. Aber auch die lösten sich auf, und Klößchen stöhnte unter der Hitze.

Nach dem Mittagessen im Internats-Speisesaal blieb ihm gerade noch Zeit, auf die Bude – ins Adlernest – zu rennen, um sich für kommende Strapazen mit Schokolade zu wappnen.

Tim stand schon beim Fahrradkeller, hielt beide Drahtesel mit je einem Finger und drängte stirnrunzelnd zur Eile.

„Bin ja schon da“, keuchte Klößchen.

Er hatte Mühe beim Aufsteigen. Drei Tafeln Schokolade in der linken Hosentasche ließen es nicht zu, daß er den Schenkel anzog. Es knisterte und knackte. Die Tafelecken spießten ihm in den Bauch. Seufzend verteilte er seinen Vorrat auf die Gesäßtaschen.

Tim radelte bereits.

Seine Gedanken eilten voraus, kreisten um das Treffen mit Julia Vendel, der Re-Immo-Angestellten. Gaby hatte die Sache angeleiert – gestern noch, als er und Klößchen ins Internat zurück mußten, um die pflichtmäßige Arbeitsstunde nicht schon wieder zu schwänzen.

Jetzt, dachte Tim, kommt's darauf an. Können wir die Immo-Tante einweihen? Gaby meint ja. Können wir die Immo-Tante auf unsere Seite ziehen? Gaby meint ja. Aber können wir die Immo-Tante zum Mitmachen beschwatzen? Wenn das rauskommt, ist sie ihren Job los. Doch für die Gerechtigkeit, werde ich ihr sagen, muß man Opfer bringen.

Sie fuhren über die Zubringerstraße. Über den Feldern blitzte die Luft. Ganze Mitschüler-Pulks überholten sie. Von Tim war man das gewöhnt. Aber daß auch Klößchen auf's Tempo drückte, reizte die anderen Schüler zu Sticheleien.

„Gibt's irgendwo Schoko umsonst, Willi?“ – „So ist es richtig: Abspecken durch Bewegung!“ – „Heh, Klößchen! Bist du krank?“ – „Vorsicht! der rasende Willi fliegt vorbei.“

Klößchen streckte jedesmal seine schoko-braune Zunge heraus. Zu einer Antwort fehlte ihm die Luft.

Schließlich kämpfte er sich zu Tim heran und rückte neben ihn.

„Muß ... denn das ... sein, diese Hetze?" japste er. „Merkst du nicht, wie ... ich in Verruf komme? Mein ... ganzes ... Iihmätsch (*Image = Persönlichkeitsbild*) geht flöten."

„Du weißt doch, daß die Vendel keine Zeit hat. Sie hat nur Mittagspause. Danach muß sie wieder ins Re-Immo. Ohne Verspätung. Sonst kriegt sie Zoff mit dem Häuserkönig."

„Hm, hm."

Klößchen fiel eine Radlänge zurück. Aber in der Position blieb er.

Tim wählte den kürzesten Weg in den westlichen Teil der Innenstadt. Dort, im Schatten der Bonifazius-Kirche, hatte eine Milch- und Eis-Bar vor kurzem eröffnet. Alkoholfrei – nannte sich der Laden. Für die TKKG-Bande ist das immer richtig; und Julia Vendel hatte – auch wegen des kurzen Weges zu Re-Immo – Gabys Treffpunkt akzeptiert (*billigen*).

Als Tim, zielnahe, um die Ecke fuhr, sah er Gabys Klapprad und Karls Tretmühle. Die Zweiräderigen lehnten an einer Mauer – mit einander zugewandten Vorderrädern. Karls Kabelschloß verband diese, was einen eventuellen Diebstahl erheblich erschwerte.

Es herrschte wenig Betrieb. Wer Freizeit hatte, war im Schwimmbad. Oder lagerte als Sonnenschmorbraten in den Auen am Fluß.

Als Tim das Lokal betrat, entdeckte er seine Freunde sofort. Klößchen trottete hinterher; er war regelrecht geschafft.

Gaby und Karl hatten einen abseits stehenden Tisch gewählt. Eine junge Frau saß bei ihnen.

Nette Person! dachte Tim – und ließ seinen Scharfblick ein bißchen abstumpfen. Prüfendes Starren hätte die Frau vielleicht verunsichert.

Sie hatte langes dunkles Haar, das den Kopf umfloß, wodurch das schmale Gesicht etwas kräftiger wirkte. Die linke Augenbraue wurde von einer kleinen Narbe gespalten. Sicherlich eine Erinnerung an rüpelhafte Jungs in der Kindheit. Hinter einer Brille mit Goldrand bewegten sich tintenblaue Augen.

„Das ist mein Freund Tim, unser Anführer“, stellte Gaby vor. „Und Willi.“

Tim grinste wie ein Tiger und gab Julia die Hand.

„Sonst bin ich trockner“, meinte Klößchen – und ließ sich auf einen Stuhl fallen, nachdem auch er sie mit Handschlag begrüßt hatte. „Aber wir wollten nicht zu spät kommen. Ihretwegen. Ich mußte Tim enorm antreiben. Deshalb schwitze ich so stark.“

Gaby und Karl lachten. Julias Blicke zuckten hin und her.

Sie begriff, daß es wohl eher umgekehrt war.

„Wir haben noch nichts besprochen“, sagte Gaby. „Aber Julia weiß, worum es geht. Das habe ich gestern telefonisch erzählt.“

Tim nickte. „Auf unser Anliegen komme ich gleich. Ob wir Sie für unser Vorhaben gewinnen, Fräulein Vendel, kann ...“

„Bitte, Julia! Und kein Sie!“

„In Ordnung, Julia. Ob du also mitmachst oder uns für beknackt hältst, kann man vorher nicht wissen. Trotzdem bitten wir dich, keinem was zu sagen.“

Er lächelte sie an. Aber es war eine Art Lächeln, das keine Weigerung zuläßt.

„Ich habe bei Renz gekündigt“, sagte sie. „Ende September höre ich auf. Ich kann bei einer Großhandelsfirma arbeiten. Gott sei Dank! Bei Re-Immo – das ertrage ich nicht länger. Diese Methoden! Obwohl Renz und Patzke mich aus allem raushalten, sehe ich doch, was dort läuft. Der ganze Laden riecht nach Betrug und Schwindel. Nur beweisen kann ich nichts.“

„Wer ist Patzke?“ fragte Tim.

„Renz’ Mitarbeiter. Sozusagen seine rechte Hand. Kuno Patzke heißt der Mensch. Anfangs hat er versucht, mich in die

Jeans zu kneifen. Als er merkte, daß er nicht landen kann, wurde er gehässig. Kuno Patzke und Renz brüten ihren Schwindel immer gemeinsam aus."

„Aber du weißt nichts genaues?"

Julia hob die Achseln. „Mir überlassen sie die Kleinkunden, an denen nicht viel zu verdienen ist. Das sind Leute, die bescheidene, preiswerte Mietwohnungen suchen. Außerdem verfasse ich die Anzeigen, die wir in den Zeitungen veröffentlichen. Da sind oft Sachen dabei, die es gar nicht gibt. Lock-Angebote – um Kunden zu ködern."

„Wie beim Heiratsmarkt", nickte Klößchen. „Die Inserate (*Anzeigen*) lese ich immer. Ist auch alles Schwindel. Die Ehe-Vermittler bieten Super-Frauen an. Die sind angeblich so schön und so nett, daß man sich fragt, wieso sie noch keinen festen Freund haben. Der Trick ist, daß es diese Weiber gar nicht gibt – jedenfalls nicht bei den Vermittlern. Dort wimmeln die Mauerblümchen rum – und die Blaustrümpfe."

„Red nicht so verwarzt!" fuhr Gaby ihn an. „Du kannst nicht alle in einen Topf werfen. Sumpfrallen gibt's überall. Natürlich auch dort. Aber es gibt ebenso schüchterne Frauen, die sich im Schwimmbad oder in der Disko nicht anmachen lassen. Die inserieren."

Klößchen zog den Kopf ein. Dann holte er drei stark gekrümmte Schoko-Tafeln aus den Gesäßtaschen.

„Sind aufgeweicht", meinte er. „Kann euch leider nichts anbieten."

„Wenn du weiter so futterst", Computer-Karl grinste, „wird dein Inserat später lauten: Überschwerer Schokoladen-Vertilger sucht liebliche Vollmilch-Praline zwecks späterer Heirat."

„Hahahah!" machte Klößchen – und bestellte bei der Bedienung einen extra-großen Eisbecher.

„Zur Sache", sagte Tim: „Wir haben den begründeten Verdacht, daß Renz seine Mieterin Lena Fleising mit Mafia-Methoden aus ihrem Häuschen treiben will. Der Dackel Lumpi wurde überfahren. Wahrscheinlich absichtlich. Bei dem Ge-

danken steigt uns die Galle ins Gehirn. Renz hat als Helfer – vermuten wir – einen gewissen Alfons Krätzkow, der wegen Mordversuchs und eines nur halb gelungenen Raubüberfalls gesucht wird. Sagt dir das was?“

Julia lächelte wissend. „Ab und zu – aber selten – ruft ein gewisser Meier an. Schorsch-Edgar Meier – nennt er sich. Jedesmal sagt er, daß er Renz sprechen muß – und zwar privat. Renz geht dann in sein Privatbüro und macht die Doppeltür zu. Ich stelle durch. Mithören kann ich nicht. Weil Patzke mir gegenübersitzt. Bisher wäre ich auch gar nicht auf die Idee gekommen. Einmal aber hatte Renz seine Tür nicht richtig zugemacht. Und ich hörte, wie er sagte: ‚Hallo, Krätzkow! Bist du's?‘ Patzke hörte das auch, ist gleich aufgesprungen und hat die Tür zugedrückt.“

„Stark!“ murmelte Tim. „Das ist eine Info!“ Er mußte an sich halten, um Julia nicht auf die Schulter zu klopfen. „Wunderbar! Also stimmt’s! Aber wie erwischen wir ihn?“

„Im Büro war dieser Krätzkow, alias Meier, noch nie. Jedenfalls nicht während meiner Dienststunden. Und Renz geht fast immer vor mir. Unsereins darf länger arbeiten. So ist das nun mal. Sicherlich treffen sich die beiden woanders. Oder es läuft alles telefonisch.“

„Einige wenige Male war Renz bei Krätzkow", sagte Tim. „Wissen wir. Aber das genügt nicht." Er überlegte.

„Beschatten!" sagte Karl.

„Bin dafür", nickte Gaby. „Auch wenn's mühselig ist."

Klößchen seufzte. Das hieß, er war dagegen.

Tim schüttelte den Kopf. „Als letzte Möglichkeit bleibt uns das immer noch. Aber wenn wir Technik einbringen, wird es leichter für uns."

„Technische Überlegenheit ist heutzutage alles", nickte Klößchen. „Beim Fußball, bei den Computer-Programmen, bei den kriegführenden Klein- und Großmächten und..." Ihm fiel kein weiteres Beispiel ein. Deshalb schloß er seine tiefschürfende Bemerkung mit der Erkenntnis ab: „Außerdem braucht man nicht soviel rumzujagen. Davon werden nur die Beine immer kürzer."

Diesmal seufzte Tim.

An Julia gewandt, sagte er: „Wir können einen echten Lauschangriff machen – wenn du uns hilfst. Wir besitzen ein kleines Tonbandgerät. Zur Zeit ist es noch bei Gabys Vater im Präsidium. Aber wir kriegen es zurück. Hast du einen Wagen?"

Sie nickte. „Einen ganz kleinen Schlaglochhüpfer."

„So klein, daß unser Gerät nicht reinpaßt, kann er nicht sein. Du parkst sicherlich in der Nähe des Immo-Büros?"

Julia bejahte das.

„Zu dem Aufnahmegerät", fuhr Tim fort, „gehört eine Wanze. Sie ist das Mikrofon. Kaum größer als eine Erbse, magnetisch – haftet also auf Metall – und hat außerdem eine Klebeseite. Damit kannst du die Wanze auf Holz, Kunststoff, Glas, Wolle und anderes pappen. Was wir brauchen, ist ein Gespräch zwischen Renz und..."

„... Patzke", fiel Julia ihm ins Wort.

„Patzke? Hm. Ich dachte an Krätzkow."

„Das kann ich nicht bewerkstelligen. Der ruft zu selten an. Manchmal nimmt's auch Patzke entgegen. Dann merke ich gar nicht, wessen Anruf zum Chef durchgestellt wird."

„Nützt uns Patzke was?"

„Bestimmt. Oft reden er und Renz unter vier Augen. Nicht nur im Chefbüro, auch im Vorzimmer. Sie warten, bis ich weg bin. Muß ja häufig mit Kunden zu Besichtigungsterminen. Im Vorzimmer, wo wir sitzen, kann ich die Wanze leicht anbringen. Dann, draußen im Wagen, schalte ich das Aufnahmegerät ein; und ich wette, wir werden Dinge hören, die uns vom Hocker hauen."

„Au!" sagte Klößchen.

„Was ist?" fragte Karl.

„Bin eben vom Hocker gefallen – und wieder auf den Hintern. Wie gestern. Nur nicht ganz so hart."

Feixend sah er seine Freunde an. Keiner lachte über Klößchens Witz.

Lediglich Julia lächelte, damit er seinen Willen hatte.

„Also abgemacht?" fragte Tim.

Julia strahlte ihn an. Überhaupt sah sie meistens ihn an. Aber bei 15 Jahren Altersunterschied war das nicht weiter verdächtig.

„Abgemacht", bekundete sie. „Wann kriege ich das Kriegsgerät?"

„Heute abend. Am besten hier." Tim schob die Brauen zusammen. „Aber Willi und ich sind verhindert. In der Penne herrschen strenge Bräuche zur Zeit. Ihr müßt das übernehmen", wandte er sich an Gaby und Karl.

Damit war alles geregelt.

11. Lippes fürchterliche Wut

Schwüle drückte auf die Strafvollzugs-Anstalt, als Heinz Obrecht, genannt ‚Lippe', entlassen wurde.

Zwei Jahre Knast! Zwei Jahre für nichts!

Daß sie ihm jetzt drei Tagen schenkten – nein, zwei – fiel nicht ins Gewicht. Das hatte bürokratische Gründe. Sein Platz in der Zelle wurde gebraucht – von einem, der bestimmt nicht unschuldig war und fünf Jahre brummen sollte.

Meine Wut ist grenzenlos, dachte Obrecht. Eigentlich hätte ich längst platzen müssen.

Er fuhr mit der Bahn. Ein herrliches Wetter. Am Abteilfenster quetschte er sich die Nase breit. Er starrte hinaus und sog die Bilder auf – mit beiden Augen.

Die große Stadt! Hauptbahnhof!

Obrecht genehmigte sich ein Bier am Stehausschank.

In der Kiosk-Scheibe schräg gegenüber sah er sich.

Nun, er hatte abgenommen. Aber die Größe – 181 cm – war noch dieselbe. In seinem knochigen Gesicht sanken die Wangen etwas ein. Die Haut war eher fahl als gelb, und die Haarfarbe stumpf wie immer.

Er sah aus wie einer, der gerade noch für Hilfsarbeiten gut genug ist und keine Interessen hat. Aber so schätzte er sich nicht ein. Nein! Wenn die Wut ihn packte, konnte er wild werden wie fünf verwundete Tiger oder sechs Büffel. Außerdem hatte er rednerisch was drauf. Nicht zuletzt deshalb nannten sie ihn ‚Lippe'.

Durch Nebenstraßen schlurfte er dann die Stadt ab – immer in Richtung Schlachthof-Viertel. Rachegedanken bevölkerten seinen Kopf.

Pauline! Nur wenn er an seine Frau dachte, fühlte er sowas wie Milde.

Die gute Pauline! Sie hatte ihm die Treue gehalten, jede Besuchserlaubnis genutzt und immer selbstgebackenen Kuchen mitgebracht, von dem er allerdings Sodbrennen bekam.

Jetzt stand er endlich vor der Tür: Schlachthaus-Straße 11.

Er klingelte. Natürlich: Pauline war da.

Fassungslos stand sie in der Tür, die Schürze um die drallen Hüften.

„Heinz!“ schnappte sie. „Du? Heute schon? Ich denke ...“

Dann stieß sie einen Jubelschrei aus und fiel ihm um den Hals.

Später, als er schon am zweiten Speckbrot kaute und den fünften Schnaps in sich reingoß, holte er seine Wut wieder hervor.

„Pauline, du kennst mich. Jetzt, da ich draußen bin, Pauline, wiederhole ich ’s zum tausendsten Mal: Ich habe das Ding nicht gedreht.“

„Weiß ich doch, Heinz!"

„Du sagst das nicht nur. Du glaubst es doch?"

„Aber ja. Die Umstände sprachen gegen dich. Deshalb diese Ungerechtigkeit."

„Die Umstände! Hah! Das sagte auch der blöde Anwalt. Umstände! Vorstrafen! Meine Methode! Diesen Erich Fühme könnte ich in der Luft zerreißen. Dieser verdammte Lügner! Wieso hat der mich erkannt? Ich war's nicht!"

„Vergiß es, Heinz. Übrigens soll ich dich von Krätzkow grüßen. Er war hier. Hat was vor mit dir, glaube ich. Ich konnte ihm einen Unterschlupf besorgen: das Haus vom alten Gräbert, das keiner mieten will, weil sich dort die beiden Verrückten umgebracht haben. Entsinnst dich, ja? Krätzkow muß untertauchen. Weil..." Ihr fiel ein, daß sie es selbst nicht wußte. „Da mußt du ihn selber fragen."

„Gut, später", nickte Obrecht. „Später, sage ich. Denn erst... Weißt du, was ich mache? Ich werde bei Fühme die Kasse leeren. Jawohl! Und zwar heute noch. Sobald 's dunkel ist. Daß ich, kaum draußen, dort Rabatz mache, wird nicht mal der phantasievolle Bulle für möglich halten. Außerdem haben die keine Phantasie. Dem Fühme tränke ich 's ein, dem Schweinekerl. Und die Strafe, hahahah, habe ich im voraus abgesessen. Was soll mir schon passieren?"

„Heinz, um Himmels willen!"

Aber sie wußte, das sie ihn davon nicht abbringen konnte. Seine Wut war zu groß.

*

Oh, wie labend ist der Abend! dachte Klößchen.

Er saß auf der Fensterbank, die zum Adlernest gehört, und ließ die Beine ins Freie baumeln.

Unter ihm gähnte ein Abgrund. Doch Klößchen beschloß, die Mutprobe, zu der ihn niemand aufgefordert hatte, noch eine Weile durchzuhalten.

Die Arbeitsstunde war beendet. Nicht mehr lange, und der Gong rief zum Abendessen.

Genußvoll kaute er ein Stück Schokolade.

Seine nackten Füße – er war barfuß – wurden von lauer Luft umschmeichelt. Drüben, im Pauker-Silo, brannte noch kein Licht. Aber im Park tarnten sich die Schatten bereits mit nächtlichem Blau; und die Singvögel in Kastanien, Eschen und Linden ließen ihr Abendkonzert ausklingen.

Tim riß die Tür auf – wie es bei Eile seine Art ist.

Klößchen schrie.

Für einen Moment schwankte sein körperliches Schwergewicht bedenklich nach außen. Dann klammerte er sich am Fensterstock fest.

O Mann! dachte Tim. Spinnt der?

„Hast du mich erschreckt", brüllte Klößchen. „Fast wäre ich rausgestürzt."

„Was, zum Teufel, treibst du da? Seiltanz?"

„Ich sitze, wohlig gestimmt, auf der Fensterbank und genieße den Abend. Aber du platzt rein wie ein Orkan. Sofort ist Durchzug. Der Wind trifft mich im Rücken – und beinahe wäre es passiert."

Vorsichtig zog er die Beine herein und glitt von der Bank.

„Der Wind, der dich vom Hintern reißt", sagte Tim, „braucht mindestens Stärke zehn. Zieh Schuhe an, wir müssen los!"

„Was?"

„Ich könnte mich ohrfeigen. Habe was Wichtiges vergessen. Jetzt drängt die Zeit."

„Ich höre immer, wir müssen los."

„Mit den Tretmühlen – und zwar sofort."

„Bist du wahnsinnig? Gleich gibt es Mampfe."

„Mampfe fällt aus. Wenn du beim Essen fehlst, werden die andern 500 Mitschüler endlich mal satt."

„Ich weigere mich, schon wieder auf eine Mahlzeit zu verzichten."

„Dann fahre ich allein."

„Wohin denn?"

„Entsinn dich mal, was der Renz zum alten Edu gesagt hat! Morgen abend, hat er gesagt, komme ich wieder. Dann werde er der Fleising beibringen, was Sache ist. Morgen abend – das ist jetzt. Wir müssen hin. Wenn Renz die Sau rausläßt, kriegt die alte Dame einen Herzanfall. Und Edu ist zu alt, um ihr ganz allein beizustehen."

„Können wir nicht nach dem Essen hinfahren?"

„Dann ist es vielleicht schon gelaufen, und wir haben die Chance verpaßt, dem Häuserkönig vors Schienbein zu treten oder zu erleben, daß er seinen Handlanger Krätzkow schickt. Könnte mir denken, der soll das Haus anzünden. Oder wenigstens die Kanalisation verstopfen."

Klößchen eierte zu seinem Schrank.

Das unterste Fach barg seine Turnschuhe, zur Zeit sechs Paar, die alle gleichmäßig verschmutzt waren.

Welche Marsch-Futterale zusammengehörten, stellte er meistens anhand der unterschiedlichen Sohlen fest.

Auf Socken verzichtete er. Ächzend band er zwei Schleifen.

„Diese alten Leutchen können einen ganz schön auf Trab halten, wie?"

„Sie brauchen Hilfe. Das ist es. Alte mehr als andere. Frauen mehr als Männer. Babys mehr als unsereins."

„Ein Glück", nickte Klößchen, „daß wir noch in der Blüte der Jahre sind. Aber was machen wir ab Zwanzig. Dann geht's uns sicherlich wie Edu und Lena."

„Du wirst viel früher gebrechlich sein, wenn du weiter so frißt."

„Alte Menschen leiden unter Appetitlosigkeit. Deshalb sind sie gebrechlich."

„Zum Teufel, beeil dich! Wieviel Schleifen willst du noch machen?"

„Jedenfalls können mir nicht die Socken qualmen, wenn du wie ein Irrer lospreschst."

„Hauptsache, du treibst mich wieder an. Wie heute mittag."

Sie liefen die Treppe hinunter. Im Flur vor dem Speisesaal weitete Klößchen die Nüstern. Seine Miene wurde leidend.

„Schokoladenpudding gibt's auch. Das rieche ich. Ist dir klar, was für ein Opfer ich bringe?"

Tim schob ihn zur Tür raus. Zwei Pauker kamen über den Hof, hatten keine Jacken an, aber ordentliche Hemden – wie sich das bei Tisch gehört.

Sie unterhielten sich, doch es klang nicht nach Dienstgesprächen, sondern lustig.

Tim und Klößchen tauchten seitab um die Ecke in Richtung Fahrradkeller, der um diese Zeit noch offen war – zum Glück.

Als sie durchs Tor hinaus radelten, stand im Westen die blutrote Sonne nur noch daumenbreit über dem Horizont, dem großen Waldgebiet, wo sich jetzt Rot- und Rehwild zur Äsung bereitmachte.

Daran mußte Klößchen denken, und ihm wurde ganz flau im Magen. Auch seine Schoko-Tafeln hatte er vergessen.

Für Gaby und Karl reicht die Zeit nicht, dachte Tim. Gaby darf sowieso nicht einfach weg. Hätte ich Karl angerufen, wären wertvolle Minuten vergangen. Machen wir's eben im Alleingang – zu zweit.

„Eine gewisse Empfindlichkeit", rief Klößchen, „besteht immer noch. Aber ich hätte nicht geglaubt, daß meine Rückseite sich so schnell erholt. Wieder mal ein Beweis dafür, daß ein dickes Polster nützt. Du hättest dir den Stert gebrochen."

„Ich bin auf die Füße gefallen. Vergiß nicht, daß ich ein bißchen Judo kann."

„Ein bißchen? Hähähäh."

Seltsam! dachte Tim. Ich spüre förmlich, daß Unheil in der Luft liegt. Kommt ein Gewitter auf? Nein! Hat mein Instinkt seinen trübsinnigen Tag? Hatte er noch nie. Also ist was im Busch. Hoffentlich sind wir rechtzeitig da!

12. Glassplitter mit Curare

Eduard von Lommingen stand am Fenster. Er atmete flach und sah zum Haus seiner Nachbarin hinüber.

Unter den Bäumen der Gärten war es dämmriger als unter völlig freiem Himmel. Insekten schwirrten. Blütenduft schwebte umher. Wie schön das alles war! Ideal, um hier den Lebensabend zu verbringen.

Aber Renz, der Häuserkönig, wollte es anders.

Eben war er eingetroffen. Sein gelber Mercedes parkte vorn an der Straße, wie gestern, nur etwas dichter am Zaun.

Lena wußte, was sie erwartete. Und daß sie dem nicht ausweichen konnte. Mehrmals am Nachmittag, wie Edu wußte, hatte sie Herz- und Beruhigungstropfen geschluckt. Hoffentlich bewahrte sie das vor einem Anfall.

Denn Renz – darüber war Edu sich klar – nahm keine Rücksicht. Der nicht. Der ging über Leichen.

Edu dachte an Lumpi. Wie oft hatte er mit ihm gespielt, mit diesem allerliebsten Rauhhaardackel. Zutraulich war er gewesen, etwas vorlaut und lustig. Seines Hundelebens hatte er sich erfreut. Lena würde den Verlust nie verwinden. Noch immer wehrte sie sich gegen die Wirklichkeit – und tat, als sei Lumpi am Leben.

Dieser Verbrecher, dachte Edu, hat ihn umbringen lassen. Um Lena zu treffen. Um ihren kläglichen Widerstand zu brechen.

Er sah, wie Renz zum Haus stiefelte.

Diesmal mußte Lena öffnen.

Sie ließ ihn ein. Die Tür schloß sich.

Edu hörte, wie Renz brüllte, schimpfte, drohte.

Verbrecher! Er hat Lumpi auf dem Gewissen. Wie springt er mit Lena um! Mir hat er gedroht. Können wir uns denn gar nicht wehren?

Der Gedanke tauchte so plötzlich in seinem Kopf auf, daß er erschrak.

Himmel! Konnte er das verantworten?

Zu langem Überlegen blieb keine Zeit.

Edu trat zu dem Glasschrank, in dem die kleinen Kürbisse lagen, das Kalabassen-Curare.

Tödlich wirken sie nicht mehr, dachte er. Aber was sie auslösen, reicht, um einen Kerl wie Renz aus den Schuhen zu kippen. Vielleicht wird er wochenlang krank sein. Vielleicht kriegt er Ausschlag. Oder sein Geschmackssinn verläßt ihn, und alles, was er ißt, schmeckt wie Pampe. Egal! Er braucht einen Denkzettel! Oder? Gehe ich zu weit? Ist das Zeug doch noch wirksam wie früher – wie frisch gepflückt?

Bedenken meldeten sich. Aber das Gefühl überwog, seiner Nachbarin helfen zu müssen. Alles andere war plötzlich wie ausgeschaltet. Eduard von Lommingen handelte wie eine verängstigte Kreatur, die – von Verfolgern in die Enge getrieben – um sich beißt.

Er lief in die Küche, ergriff ein Wasserglas und zerschlug es in der Spüle. Sorgfältig wählte er einen Splitter aus. Fingernagellang war der, dünn und nadelspitz.

Aus dem Schrank nahm Edu die Tube mit dem Klebstoff. Wieder im Wintergarten, öffnete er den Glasschrank.

Vorsichtig tauchte er den Glassplitter in die angeschnittene Kürbisfrucht. Die Spitze des Splitters wurde mit zäher Masse umschmiert. Eine kleine, gefährliche Waffe entstand.

Eilig verließ er das Haus.

Die Dämmerung war fortgeschritten. Er lief zur Straße. Hinter ihm schloß sich das Gartentor, knarrend.

Das Geräusch erschreckte Edu. Kein Wunder! Noch nie hatte er so verstohlen gehandelt. Wieder kamen Bedenken. Er schob sie beiseite.

Renz war immer noch in Lenas Häuschen. Stille. Sicherlich schöpfte der Kerl Luft, um die Bedauernswerte dann abermals anzubrüllen. Ob sie schon weinte? Hielt ihr krankes Herz das alles aus?

Neben dem gelben Mercedes blieb Edu stehen. Er sah sich

um. War er unbeobachtet? Stadtwärts reichte der Blick nicht weit. Die Straße knickte ab. Eine nahe Kurve machte es möglich, daß plötzlich jemand auftauchte, ohne vorher gesehen zu werden.

Egal! Rasch tupfte er Klebstoff auf den Metallgriff der Fahrertür. Vorsichtig setzte er den Curare-Splitter drauf. Wie ein Dorn stand er ab.

Wenn Renz den Schlag öffnete, mußte er sich verletzen. Wie er auch griff – an dem vergifteten Splitter kam er nicht vorbei.

Nein, dachte Edu, es kann nicht tödlich sein. Nicht nach so langer Zeit. Himmel, wüßte ich doch mehr darüber! Wenn ich mich nun irre? Umbringen will ich ihn nicht. Das nicht.

In der Kurve knirschte Sand.

Edu drehte sich um.

Zwei Radfahrer preschten heran. Trotz des ungewissen Lichts erkannte er, wer das war.

*

Nanu! Tim riß die Augen auf. Hier, unter dicht belaubten Bäumen, konnte die Dämmerung glatt zum Pennen verführen – jedenfalls die schläfrigen Typen. Aber er war hellwach. Und sein Adlerblick erkannte glasklar: Da stand er, der alte Edu, stand neben Renz' Wagen, hatte eben noch am Türgriff gefummelt und machte jetzt kehrt auf den schiefgetretenen Absätzen – wie von einer Steinlaus gebissen.

Gibt's das? überlegte Tim, während seine Sprinter-Waden das Tempo drosselten. Macht sich an dem Wagen zu schaffen! Will er ihn knacken? Oder die Antenne verbiegen?

„'n Abend, Herr von Lommingen", grüßte er – hielt und setzte einen Fuß auf den Boden. „Da kommen wir ja doch nicht zu spät. Der Brutalo ist schon bei Ihrer Nachbarin, ja?"

„Hallo, Tim." Edus tiefe Stimme kiekste.

Er steht da, dachte Tim, als könnte er eine Windel gebrauchen. Was hat er in der Hand? Klebstoff. Aha! Wozu? Hat er das Türschloß verkittet?

Auch Klößchen kam an, hielt mit einem Walroß-Schnaufer und grüßte kurzatmig.

„Wir wollen zu Ihnen", erklärte Tim. „Und zu Ihrer Nachbarin, falls sie Hilfe braucht. Setzt er ihr zu, der Brutalo? Wenn wir doch nur einen Beweis hätten, daß er an Lumpis Tod schuld ist! Was haben Sie denn zugeklebt?"

Mit offenem Mund sah Edu ihn an. „Zugeklebt? Ich... Wieso? Ach, du meinst..."

Er war kein Krimineller, nie gewesen – und auf seine uralten Tage würde er 's bestimmt nicht mehr lernen. Ohne daß er 's wollte, richtete sich sein Blick auf den Türgriff.

Als ihm bewußt wurde, wie dumm das war, riß er den Blick los. Nur schwer ging das. Offenbar konnte der Klebstoff auch Blicke festhalten.

„Äh... eigentlich nichts", stotterte er. „Klebstoff – den habe ich meistens bei mir."

Tim hatte den Blick aufgefangen. Das Türschloß also! Aber wie der Oldie sich zierte! So ein harmloser Streich – viel zu harmlos für Renz; und Edu benahm sich, als hätte er zehn Leichen im Keller.

Tim stieg ab, lehnte sein Rennrad an Klößchens dicken Schenkel, trat neben den Mercedes, bückte sich zum Türgriff und hob die Hand.

„Nein!“ schrie Edu. „Nicht anfassen! Nicht!“

Verwundert sah Tim ihn an. „Was ist denn?“

„Laß den Türgriff. Er... ach...“ Entmutigt verstummte er.

„Ist er kaputt?“ erkundigte sich Klößchen. „Klebstoff hilft da nix. Außerdem kann's uns doch freuen. Ich wünschte, die Karre würde unter dem Kerl zusammenkrachen. Wir könnten schon mal den Stern abbrechen und die Reifen zerstechen. Damit der merkt, der Renz, wie Terror ist – Terror am eigenen Leibe.“

Was war das? Tim hatte sich abermals gebückt. Aus der Nähe sah er trotz Zwielichts, daß ein schwarz-brauner Dorn – nein, Glassplitter – auf dem Türgriff klebte: spitzig und aufrecht, so daß er genau den Handteller treffen mußte.

Hm! Woher hatte die Spitze die Farbe?

Er schnupperte daran, roch aber nur den Metalldunst des Wagens.

„Haben Sie den Splitter angeklebt, Herr von Lommingen?“

Edu trat einen Schritt zurück und stützte sich auf den Kofferraum.

Tim hörte den schweren Atem des alten Mannes. Im selben Moment fiel es ihm wie Schuppen von den Augen, blitzartig erhellte der Durchblick seine graue Masse.

Tim hob ein Steinchen auf, schlug das Splitterchen ab und kratzte am Türgriff, bis dort außer Schleifspuren nichts mehr war. Dort, wo der Splitter im Straßenstaub lag, pflanzte er seinen Absatz hin. Er scharrte, drehte und malmte, bis er sicher war, daß von dem Glasstück nichts übrig blieb.

In Gedanken machte er einen Knoten ins Taschentuch. Nachher Turnschuhe putzen! Besonders den Absatz!

„Den“, Tims Kinn wies zu Lenas Häuschen, „packen wir anders, Herr von Lommingen. Vertrauen Sie uns! Wir brauchen nur etwas Glück, und die Gerechtigkeit siegt. Selbstverständlich ist das zwar nicht, aber manchmal klappt es trotzdem. Jedenfalls ist dieser Renz kein Grund, daß ehrliche Menschen sich unglücklich machen. Sie verstehen.“

Edu atmete immer noch schwer. „Danke!" sagte er leise. „Du hast recht. Ich . . . sollte mich schämen."

„Was läuft eigentlich?" fragte Klößchen. „Du scharrst da rum wie der dienstälteste Hahn vom Freiland-Hühnerhof. Herr von Lommingen will sich schämen. Und wieso machen sich ehrliche Menschen unglücklich?"

„Pst! Später!" sagte Tim.

Das Schock-Erlebnis hatte seine volle Aufmerksamkeit beansprucht. Aber jetzt stand sie wieder zur Verfügung – und richtete sich auf Lenas Häuschen.

Dort wurde die Tür aufgerissen, als wäre das die Einleitung zum Gebäude-Abbruch.

Renz stampfte heraus, natürlich ohne die Tür zu schließen. Er murmelte Flüche und Verwünschungen.

Dann kam er heran. Erst als seine Ledersohlen auf die Straße hämmerten, bemerkte er die drei.

„Weg da!" knurrte er – und drängte sich an Tims Vorderrad vorbei, um die Fahrertür zu öffnen.

Trotz seiner Wut und des sicherlich erhöhten Blutdrucks – die Feinfühligkeit seiner Finger hatte er nicht eingebüßt.

Kaum berührte er den Türöffner, als er zurückzuckte.

„Wer hat hier den Griff zerkratzt?" blaffte er.

„Das war ich", sagte Tim. „Sie wollen mich jetzt sicherlich mit fünf Mark belohnen. Aber die weise ich zurück. Von Ihnen nehme ich nichts an. Den Griff mußte ich säubern, weil da so ein Klumpen", er zeigte die Größe eines Straußeneis an, „Vogelkacke klebte. So was stört einen Schöngeist wie mich. Sie verstehen. Leider klebte das Zeug sehr. Ich mußte kratzen."

Renz starrte ihn an. Für einen Moment schien es, er mache sich zum Austeilen einer Ohrfeige bereit. Rechtzeitig noch fiel ihm ein, daß er dafür nicht zuständig war, sondern Aufträge solcher Art an seinen Handlanger vergab.

Er stieß ein böses Schimpfwort aus, stieg in den Wagen und fuhr ab.

„Wir . . . müssen nach Lena sehen", sagte Edu und lief los.

13. Familienfoto und Iß-dich-satt

Sieht ein bißchen wie eine Gräfin aus, dachte Tim. Jedenfalls zerbrechlich und mit durchscheinender Haut.

Lena Fleising hatte den Besuch des Brutalos überstanden. Kein Herzanfall. Aber sie war im Gesicht so weiß wie ihre Porzellankaffeekanne, und die schmalgliedrigen Finger zitterten.

Edu hielt ihre Hand. Lena saß auf der Couch und sammelte sich. Tränen drängten ihr in die Augen. Trotzdem versuchte sie tapfer zu sein.

Edu hatte die Jungs vorgestellt. Jetzt konnte die alte Dame wieder lächeln.

„Tim und Willi wissen Bescheid", erklärte Edu. „Sie wollen uns helfen. Renz ist nämlich höchstwahrscheinlich in dunkle Machenschaften verstrickt und hat kontaktiert (*Verbindung aufnehmen*) mit einem gesuchten Verbrecher. Wenn es gelingt, ihm das nachzuweisen, landet er hinter Gittern. Dann, meine Liebe, haben wir unsere Ruhe."

„Wirklich? Ach, Eduard, ich wünsche ja niemandem was Schlechtes. Aber wenn wir von diesem Menschen befreit werden, hätte ich dem Himmel zu danken."

„Was wollte er?"

„Wenn ich bis zum September nicht ausziehe, will er mich zwangsweise raussetzen. Ich habe ihm die Bescheinigung von meinem Arzt, von Dr. Stumpf, gezeigt, daß mein Gesundheitszustand keine Aufregungen verträgt. Das interessiert Renz nicht. Ich kann gar nicht wiederholen, wie der mich genannt hat. Wenn ich nicht freiwillig gehe, hat er gesagt, werde was Schreckliches passieren. Eduard!" Sie richtete sich auf. „Der bringt es fertig und vergreift sich an Lumpi."

„Nur ruhig, meine Liebe!" Er streichelte ihre Hand. „Es wird alles gut."

Er sprach auf sie ein. Offenbar tat ihr das wohl.

Zwei alte Menschen, dachte Tim. Und der eine ist des anderen Stütze. Rührend! Und tröstlich zugleich.

Auf einem altmodischen Sekretär in der Ecke des etwas plüschigen Wohnzimmers stand ein Telefon.

Tim fragte, ob er mal fernsprechen dürfe.

Selbstverständlich durfte er.

Er rief bei Computer-Karl an. Frau Vierstein freute sich, Tims Stimme zu hören, und rief ihren Sohn an den Apparat.

„Ich bin's, Karl", sagte Tim. „Wir sind bei Frau Fleising. Renz war hier und hat wie ein Kannibale auf den Putz gehauen. So geht's nicht weiter. Bis zum Zapfenstreich in der Penne bleibt noch etwas Zeit. Am besten, wir treffen uns bei Gaby."

„Ich mache mich gleich auf die Reifen", erwiderte Karl. „Frag doch mal Klößchen, ob er die heutige Tageszeitung schon gesehen hat. Ich war gerade dabei, mir die Polit-Kommentare (*Erläuterungen*) und den Wirtschaftsteil reinzupfeifen, geistig, als ich im Lokalteil über das Gruppenbild gestolpert bin. Hahahah!"

„Welches Gruppenbild?"

„Von Willi und Familie. Im Ernst! Er ist mit seinen Eltern abgebildet – und füllt das halbe Bild aus."

„Davon weiß er nichts. Ich auch nicht. Weshalb das Foto?"

„Hermann Sauerlich stellt doch dieser Tage überall in Europa seine bahnbrechende Erfindung vor: die Schlankheits-Schokolade. Genuß ohne Zunahme. Scheint ein Riesenwirbel zu werden. Immerhin hat unsere größte Tageszeitung den Erfinder samt Familie im Bild vorgestellt."

„Toll! Werd's Willi sagen. Also, bis gleich bei Gaby!"

Er legte auf.

„Was sollst du mir sagen?" fragte Klößchen.

Tim erzählte. Auch die beiden Oldies hörten zu. Klößchen drückte die Brust raus vor Stolz. Von dem Foto wußte er, aber nicht, daß es heute veröffentlicht war. Zu dem neuen Kakao-Produkt gab er Erklärungen ab.

„Daß unsere Iß-dich-satt-Schoko einen Siegeszug um die Welt antritt, darüber besteht kein Zweifel. Alle Kenner äußerten Entzücken. Freilich bin ich als Schokoladen-Fachmann einsame Spitze, weshalb ich auch in unserer hiesigen Fabrik immer als Tester eingesetzt wurde – während der Produkt-Entwicklung. Hier unter uns kann ich's ja zugeben. So ganz trifft die neue Schoko meinen Geschmack nicht. Ich vermisse den butterschmelzigen-kakaokörnigen Knackbiß. Den findet man nur bei den herkömmlichen Sorten. Die sind außerdem nahrhaft und erhöhen das Körpergewicht."

„Die neue Schokolade werde ich aber ganz gewiß probieren", rief Lena Fleising. „Ich nasche gern. Aber weil ich sehr auf mein Gewicht achten muß, bin ich zurückhaltend."

Klößchen strahlte und versprach, demnächst ein paar Proben vorbeizubringen.

*

Krätzkow hatte die Rolläden heruntergelassen, saß jetzt in dem verschlissenen Sessel, trank Rotwein aus der Flasche und blätterte – mißmutig – die Tageszeitung durch.

Das Licht der Stehlampe fiel über seine linke Schulter. Es war eine wacklige Lampe – wacklig und alt wie alles in diesem möblierten Haus.

Pauline Obrecht hatte ihm den Unterschlupf vermittelt.

Er war's zufrieden und fühlte sich sicher.

Jetzt schlug er den Lokalteil der Zeitung auf. Sein Blick huschte über Großbuchstaben und Fotos. Deren gab's drei.

An einem blieb sein Blick hängen.

Drei Personen waren abgebildet. Eine Familie, offenbar. Und den Jungen – den kannte er.

Das war doch... dieser Willi! Dieser blutrünstige Fettwanst mit den Hundeketten am Hals und Handgelenk. Wie zahm der hier wirkte! Richtig bürgerlich. Großbürgerlich! Mal sehen...

Er las. Von dem Schokoladen-Fabrikanten Hermann Sauerlich war die Rede, dessen Produkte geschmacksbildend seien – buchstäblich – in ganz Europa. Iß-dich-satt-Schokolade hatte er erfunden. Genuß ohne Zunahme. Wohlgeschmack ohne

Reue. Und mit ihm freuten sich Ehefrau Erna und Sohn Willi, 13 Jahre alt.

Schoko-Fabrikant? überlegte Krätzkow. Europaweit? Dann hatte der Kohle wie Heu, und Sohn Willi war bestens behütet. Dem fehlte es garantiert an nichts – höchstens an Taille.

Wieso aber ist der dann Fixer und Einbrecher? Krätzkow schob die Brauen zusammen. Und macht Kumpanei mit diesem gefährlichen Typ?

Er überlegte. Waren das Söhnchen aus ehrbaren Familien, die sich für den Sumpf des Lebens entschieden hatten – aus Protest gegen das Elternhaus oder wegen angeborener Idiotie? Wohl kaum. Zwar hatten sie sich benommen – in ihrer gräßlichen Wut – als fehlten ihnen etliche Tassen im Geschirrschrank. Aber... ja, aber was?

Krätzkow wußte keine Antwort. Immerhin dämmerte ihm, daß was nicht stimmte. War er verschaukelt worden? Warum? Weshalb? Mit welchem Ziel?

Es ergab keinen Sinn. Doch im Moment war das nicht sein Problem Nr. eins. Der Gedanke, der sich allmählich verfertigte, flüsterte ihm was anderes ein: einen Plan.

Und plötzlich wußte er, wie er den schmachvollen Flop (*Mißerfolg*) mit dem Salzburger Juwelier ausgleichen konnte.

Mit einer Entführung. Mit Lösegelderpressung.

Jawohl, jetzt hatte er das geeignete Opfer: den Schoko-Fabrikanten. Der war ganz bestimmt friedfertig, weil er gern aß, war gemütlich und arglos.

Den Coup! dachte Krätzkow. Einen Haufen Geld – und dann ab in die Südsee oder in ein Land, wo die deutsche Mark hochgeschätzt wird.

Er ließ die Zeitung sinken, nahm einen langen Schluck aus der Flasche, gurgelte ein bißchen mit dem Saft blauer Reben und dachte nach.

Heinz Obrecht war der richtige Partner für den Coup. Aber zu zweit konnte es schiefgehen. Besser, man war zu dritt, obwohl dann die Beute durch drei geteilt wurde.

Kessling! schoß es ihm durch den Kopf. Ritchie Kessling! Klar! Der ist es. Weshalb fällt der mir jetzt erst ein?!

*

Oskar versuchte, auf Tims Schulter zu klettern. Das gelang ihm auch fast, denn Tim saß auf dem Teppichboden und lehnte den Rücken an eine der Wände von Gabys Mädchenzimmer.

Oskar leckte ihm über die Stirn. Eins der Schlappohren hing über Tims Gesicht. Lachend wehrte er den liebevollen Vierbeiner ab. Der war dann auch zufrieden, als er sich neben seinen großen Freund Tim kuschelte und ihm den Schädel aufs Bein legte.

Gaby hatte gerade mit einigen Tropfen Wasser ihre neue Zimmerpalme getränkt. Karl war eingetroffen und hatte die Zeitung mitgebracht, an der Klößchen sich nicht satt sehen konnte.

Mit unterschiedlichem Abstand hielt er sich das besagte Familienfoto vor die Nase.

„Ich bin gut getroffen."

„Sicherlich hatte der Fotograf ein Weitwinkel-Objektiv", sagte Gaby.

„Wieso?"

Gaby antwortete nicht. Tim und Karl lachten. Oskar wedelte.

Klößchen begriff endlich und winkte geringschätzig ab.

„Solche Witze können einen Star nicht kratzen. Ich wirke toll auf dem Foto. Und es steht ja mit keinem Wort dabei, daß ich mich von Iß-dich-satt ernähre. Wer sich darauf versteift, den kannst du bald nur noch mit Tele-Objektiv ablichten. Weil er so schmal ist."

Gaby setzte sich neben Tim. Er legte den Arm um sie. Oskar hob den Kopf und sah ihn vorwurfsvoll an. Mit der freien Hand tätschelte Tim ihm den Hals.

Gaby hatte gebadet und roch nach Sommerwiese. Sie trug ihren blütenweißen Jogginganzug und im Haar eine Schleife, deren Blau nur etwas dunkler war als das ihrer Augen.

„Steht dir gut", grinste Tim und wies auf ihre nackten Füße.

Drei Zehen, links, waren blaßrosa lackiert.

„Ach, nur mal zur Probe."

„War dann der Lack alle?"

„Meine Geduld war am Ende, und Oskar kam immer mit der Zunge dazwischen."

Frau Glockner kam herein, lächelte in die Runde und brachte einen großen Teller mit belegten Broten. Die Jungs hatten Gabys Mutter schon begrüßt, aber nicht mit diesem Abendmahl gerechnet.

„Das ist doch nicht nötig, Frau Glockner", sagte Tim im Brustton der Überzeugung. „Karl hat schon geabendbrotet, ich darbe gern mal und Willi ..."

„... bedankt sich für die herzliche Einladung", rief Klößchen, indem er aufsprang und Frau Glockner den Teller abnahm. Gerade, daß er ihn nicht wegriß.

„Das hätte mich auch gewundert", Margot Glockner lächelte. „Übrigens, Willi, ist heute ein Foto von dir und deinen Eltern in der Zeitung. Ihr ..."

Sie hielt inne, weil Gaby, Tim und Karl in Gelächter ausbrachen. Margot begriff, daß sie mit ihrer Neuigkeit spät dran war.

„Die sind neidisch", erklärte Klößchen mit vollem Mund. „Ist ja auch kein Wunder. Wen sieht man schon in der Zeitung? Mörder, den Bundeskanzler, einige Minister, andere Verbrecher, Filmstars, Sportgrößen und Persönlichkeiten wie die Sauerlichs. Ich wette, jetzt kennt mich jeder in der Stadt."

„Mir graust vor heute nacht", sagte Tim. „Wahrscheinlich wird er im Schlaf eine Rede halten."

Klößchen konnte nichts erwidern. Er schob sich soeben ein halbes Käsebrot zwischen die Zähne.

Im Flur schrillte das Telefon.

Margot nahm wohl an, daß der Anruf aus dem Präsidium kam, denn sie eilte zum Apparat.

Aber es war nicht ihr Mann, der Kommissar, sondern ...

„Ja, Frau Sauerlich", hörte Tim ihre erfreute Antwort. „Sie haben richtig vermutet. Willi ist hier. Ich hole ihn. Ach, und das Foto von Ihnen hat Aufsehen erregt. Ist richtig nett. Grüßen Sie Ihren Mann! Ja, meiner hat noch Dienst. Es ist immer dasselbe. Wiederhören!"

Klößchen war schon im Anmarsch.

Margot kam noch mal herein und wandte sich an die Jungs.

„Frau Sauerlich hat Willi schon überall gesucht, hat im Internat angerufen und dann auch bei deinen Eltern, Karl. Willi wird anscheinend zu Hause gebraucht."

„Als Iß-dich-satt-Tester?" lachte Tim.

Margot zuckte mit den Achseln. Im Rausgehen sagte sie: „Aber nicht mehr so lange, Jungs, meine Tochter muß ins Bett."

„Huch!" meinte Gaby. „Es ist doch erst..." Sie sah zur Uhr. „Ach, noch früher. Außerdem, Mammi, schlafe ich nachher schneller. Als Erholung zählt das doppelt."

„Ist eine ganz neue Technik", grinste Tim. „Aber schwer zu erlernen. Je nach Schnelligkeit schafft man in 60 Minuten anderthalb bis drei Stunden Schlaf. Schlaf-Champions (*Meister*) stellen fast täglich neue Rekorde auf."

„Ich weiß, ich weiß", lachte Margot. „Aber soweit ist Gaby noch nicht. Sie schafft pro Stunde höchstens 40 Minuten Schlaf."

„Verleumdung!" rief Gaby.

Klößchen kam zurück, grapschte sich das nächste Brot und biß hinein. Erst dann hob er zur Erklärung an.

„So leid es mir tut, Freunde. Ich muß abschwirren. Werde zu Hause benötigt. Meine Patentante Agathe und Onkel William sind für drei Stunden zu Besuch und wollen mich besichtigen. Die leben in New York und sind jetzt auf dem Weg nach Moskau. Zwischen zwei Flügen reicht's dann gerade für einen Verwandtschaftsbesuch. Muß sein. Sind nette Leute. William ist Bierbrauer. So mach ich mich jetzt vom Acker. Werde wohl auch zu Hause nächtigen. Komme dann morgen mit dem Rad in die Penne."

Stirnrunzelnd sah er Tim an. „Du findest doch allein zurück?"

Tim schob einen Daumen in den Mund. „Äh... weiß nicht. Eigentlich habe ich mich auf dich verlassen. Sicherlich kriege ich schreckliche Angst. Aber wenn ich durch die Tettrichsteiner Landstraße fahre, werde ich mich wohl nicht verirren."

„Naja, wirst es schon schaffen“, meinte Klößchen wohlwollend.

Er klappte die restlichen Brote zu zwei Doppeldeckern zusammen. Selbstverständlich nahm er die mit. Dann strich er die Segel.

Gaby schien müde zu werden. Sie lehnte an Tims Schulter.

Was bei Edu und Lena gelaufen war, hatte Tim berichtet – auch, wie der alte Mann in seiner Verzweiflung zu einem drastischen Mittel griff.

„Ich wette, es war Curare“, hatte Tim erklärt. „Edus Verhalten schließt jede andere Möglichkeit aus. Gestern meinte er zwar, was den Grad der Giftigkeit betrifft, daß es nicht mehr tödlich sei – und töten wollte er den Renz vorhin bestimmt nicht, aber rechtlich würde man es sicherlich als einen Mordanschlag werten. Ein Glück, daß es dazu nicht kam. Man kann es nur so erklären, daß Edu in seiner Sorge um Lena Fleising total ausgerastet ist – sozusagen Bewußtseinstrübung hatte, wozu noch eine altersbedingte Gehirnschrumpfung hinzukommt. Oder Verkalkung. Jedenfalls Mattscheibe im Moment der Tat."

Das hatte er gesagt, und jeder der vier gelobte Stillschweigen.

Tim sah jetzt zur Uhr und zog auch gleich die Beine an zum Aufstehen. Was Tonbandgerät und Wanze betraf, hatten Gaby und Karl sich vorhin verabredungsgemäß mit Julia Vendel im ALKOHOLFREI getroffen und das Gerät übergeben.

„Muß los! Ich glaube, ich fahre tatsächlich durch die Tettrichsteiner Landstraße. Das spart sechs Minuten, wenn nicht sieben."

Tschüs bei Frau Glockner. Gaby brachte die Jungs an die Haustür. Dort erhielt Tim sein Gute-Nacht-Bussi, und Karl sah solange geflissentlich weg.

14. Überfall mit Affenmaske

Alles ging schief. Heinz Obrecht, genannt Lippe, war total außer Übung.

Als er dem dicken Tankstellenbesitzer Erich Führne die Tränengaspistole vor die kurzsichtigen Glotzer hielt, kriegte der fast einen Schlaganfall.

Es war später Abend, und Stille herrschte am Ende der Tettrichsteiner Landstraße. Dieser Verkehrsader-Abschnitt gehört zwar noch zum Stadtgebiet. Dennoch – um diese Zeit sagen sich hier Fuchs und Hund gute Nacht.

Obrecht, der kaum entlassene Knast-Bruder, schwitzte fürchterlich unter seiner Gummi-Maske: ein grinsender Schimpanse. Nur die Augen blieben frei.

Führne hatte sich's gemütlich gemacht. Auf seinem Schreibtisch im gläsernen Tankstellen-Pavillon dampfte eine Tasse mit verdauungsförderndem Kräutertee.

„Keine Bewegung!“ nuschelte Obrecht mit verstellter Stimme.

Er beugte sich vor und griff in die Kasse.

In diesem Moment löste sich die Schleife an den beiden Bändern, die sich um seinen Kopf schlangen und die Maske hielten.

Obrecht merkte es erst, als er die Maske verlor. Sie fiel einfach runter – platsch! auf den Tisch.

Nur eine Armlänge waren ihre Gesichter voneinander entfernt.

Führne starrte ihn an.

Aus! Der Schreck durchzuckte Obrecht bis ins Gedärm.

Jetzt ging nichts mehr. Er warf sich herum, hätte beinahe die Knallpistole fallen gelassen und rannte hinaus.

Die Dunkelheit empfing ihn mit offnen Armen. Das erleichterte seine Flucht. Dennoch vertat er sich und stieß – blindlings – gegen einen parkenden Wagen.

Daß es ein roter BMW war, sah er noch. Die Karre stand neben der Tankstelle, wo sich unbebautes Gelände anschloß.

Keine Bewegung
Ölwechsel

Obricht spürte den Schmerz im Knie, fluchte, steckte endlich die Knallpistole ein und rannte stadtwärts – bis dorthin, wo ein dunstiger Sommernachts-Mond einen alten Kombi beschien. Er parkte ohne Licht. Aber jetzt sprang der Motor an.

Pauline sah ihren Heinz kommen.

Er ließ sich auf den Nebensitz fallen.

„Schief... schiefgegangen. Nichts wie weg!"

Sie fragte jetzt nichts. Das hob sie sich auf für später. Aber der Schreck brachte beinahe ihre Füße durcheinander, so daß sie Gas und Kupplung verwechselte.

Sie fuhren zur Stadt zurück. Nicht zu schnell! Nur nicht auffallen!

Das Fernlicht erfaßte einen Radler, der in höllischem Sprinttempo, tief über den Lenker gebeugt, entgegenkam.

Pauline schaltete sofort auf Abblendlicht und fuhr scharf rechts.

*

So ist es brav! dachte Tim. Immer schön abblenden – bei Gegenverkehr. Besonders, wenn unsereins anrauscht.

Weitere Beachtung schenkte er dem Wagen nicht.

Seine Waden leisteten Schwerarbeit – jetzt – während der Rückfahrt, die Lungen auch. Ohne Klößchen im Schlepptau war das eine Gelegenheit, daraus ein spätes Training zu machen.

Er konzentrierte sich auf die Strecke. Nur wie ein Streiflicht berührten seine Gedanken die Frage, wo wohl Krätzkow abgeblieben sei. Ob der noch immer seinen roten, verräterischen BMW benutzte?

Hoppala!

Tim bremste an beiden Rädern, richtete sich auf, Kopf und Blick nach rechts.

Beinahe wäre er an der Tankstelle vorbeigezischt. Und damit an dem – am Rande der Lichtgrenze – parkenden Wagen.

Ein roter BMW war das. Das Kennzeichen kam Tim sehr bekannt wor. Die Ziffernfolge wußte er auswendig. Wie jedes TKKG-Mitglied, Oskar ausgenommen. Hatten sie doch den Krätzkow tagelang beschattet, bevor dann der Entschluß reifte, ihn mit der Fahrerflucht-Geschichte aufs Kreuz zu legen.

Tim stieg ab und schob sein Rad zu dem Wagen.

In dem gläsernen Tankstellen-Pavillon saß ein Mann am Schreibtisch.

Er schien zu schlafen, jedenfalls rührte er sich nicht, obschon seine Haltung kerzengerade war.

Tim umrundete den BMW. Kein Zweifel! Krätzkows Karre.

Auch die beiden Dellen an der Beifahrertür waren noch immer wertmindernd vorhanden.

Panne? überlegte Tim. Soll der gewaschen werden? Oder hat sich Krätzkow von ihm getrennt?

Er schob sein Rad zum Pavillon. Die Tür stand offen. Der Duft von Kräutertee überdeckte den des Benzins. Der Treibstoff-Verkäufer war ein wohlgenährter Fünfziger, der seinen blauen Overall eine Nummer zu klein gekauft hatte.

Das totenblasse Gesicht war erstarrt. Entsetzte Schellfischaugen glubschten Tim an.

„'n Abend!" grüßte Tim. „Dort hinten steht ein ... Heh, was ist denn? Fühlen Sie sich nicht wohl?"

„Üüü ... Überfall!" keuchte der Dicke.

„Was?"

Tim blickte an sich hinunter und auf seine leeren Hände. Er konnte keine Waffe, keine Drohgebärde, nichts Gefährliches entdecken.

„Überfall!“ wiederholte der Dicke. „Mit... mit Pistole.“

Die Kasse neben ihm war geöffnet, wie Tim sah. Die Teetasse ließ Dampf ab, und der Mann schien endlich zu sich zu kommen. Die Erstarrung wich.

„Hast du... hast du ihn gesehen? Den Räuber!“

Tim schüttelte den Kopf. „Niemanden. Wann war das? Eben?“

Er trat einen Schritt näher und dabei auf was Weiches. Verblüfft hob er die Gummimaske auf.

„Hat er die verloren?“

Der Dicke nickte. Seine Hand zitterte, als er zum Telefon griff.

„Rufen Sie gleich im Präsidium an“, sagte Tim, „und verlangen Sie Kommissar Glockner. Hier gibt's nämlich noch was, das ihn sehr interessieren wird.“

*

Was den Überfall betraf, konnte Tim kaum mehr als null zur Aufklärung beitragen. Hatte er doch lediglich gesehen, daß ihm ein Wagen entgegenkam. Was für einer – das entzog sich seinem Wissen. Außerdem: Wer sagte denn, daß das nicht ein stadteinwärts fahrender Landkreis-Bewohner gewesen war. Natürlich konnte es auch der Täter sein.

„Den kriegen wir“, meinte Kommissar Glockner zuversichtlich. „Führne, der Tankstellenbesitzer, hat sein Gesicht gesehen. Außerdem kenne ich einen Ganoven, der sich gern solcher Masken bedient. Allerdings – meines Wissens sitzt der noch hinter Gittern. Vielleicht aber auch nicht. In dem Fall werde ich ihn Führne gegenüberstellen.“

Glockner war mit zwei Mitarbeitern gekommen. Die untersuchten jetzt den BMW.

„Handschuhfach, Kofferraum – leer“, meldete der eine. „Der Wagen enthält nichts – außer altem Schmutz und gefüllten Aschenbechern.“

Tim stützte sich auf sein Rad. „Weiß Führne was über den Wagen?"

Glockner schüttelte den Kopf.

„Nichts. Der wußte gar nicht, daß er hier steht. Zur Abendbrotzeit war er eine halbe Stunde nicht da. Wahrscheinlich hat ihn Krätzkow währenddessen abgestellt. Offensichtlich will er ihn loswerden. Das läßt immerhin den Rückschluß zu, daß sich Krätzkow bis vorhin in der Stadt befand."

„Hoffentlich bleibt er", lachte Tim. „Damit wir... äh, Sie ihn erwischen – und nicht irgendein Interpol-Agent in Tibet oder Brasilien."

Der Kommissar hob die Achseln. „Mußt du nicht ins Internat?"

„O weia! Allerdings! Gute Nacht, Herr Glockner."

„Gute Nacht, Tim!"

*

Es war genau 44 Minuten später im Polizei-Präsidium, wo trotz später Stunde die Betriebsamkeit nicht abriß.

Glockner saß in seinem Büro hinterm Schreibtisch. Der Streifenwagen, den er zu Heinz Obrechts Adresse geschickt hatte, war fündig geworden.

Der vorbestrafte Ganove befand sich tatsächlich auf freiem Fuß, allerdings erst seit wenigen Stunden – und nach Verbüßung einer zweijährigen Haftstrafe.

Daß er so schnell rückfällig wird, überlegte der Kommissar, ist eigentlich unwahrscheinlich. Andererseits ist auch möglich: Gerade so schnell! Außerdem hat Obrecht den Führne schon damals überfallen und beraubt. Hm, hm. Was geht sonst noch aus seiner Akte hervor?

Der Rest war ohne Belang.

Glockner blickte auf.

Obrecht, den die Streifenwagen-Beamten hergebracht hatten, rutschte seit Minuten auf seinem Stuhl herum.

Daß er sich nicht wohl fühlte, war offensichtlich. Er schwitzte. Von der großen Lippe, seinem Markenzeichen, machte er keinen Gebrauch.

„Was ist denn nun, Herr Kommissar? Weshalb bin ich hier? Was soll ich denn gemacht haben?"

Glockner entschloß sich zu bluffen. Er lächelte böse.

„Kaum draußen – und schon wieder drehen Sie ein Ding. Natürlich nach der alten Methode."

„Wie? Was?" Obrecht riß die Augen auf. „Ich doch nicht. Ich hab' nichts gemacht."

„Nach der alten Methode, Obrecht. Mit Maske. Sie sind wirklich ein Dummkopf."

„Was soll ich gemacht haben, Herr Kommissar?"

„Sie haben den Fühme zum zweitenmal überfallen – und bilden sich ein, für so dumm würden wir Sie nicht halten, weshalb wir auf einen anderen Täter tippen. Wie?"

„Fühme? Fühme! Um Himmels willen! Der hat sich schon damals geirrt! Der ist doch halbblind."

„Jaja! Diesmal haben Sie Ihre Maske verloren. Das Leugnen macht die Sache nicht besser, Obrecht. Auch das Alibi Ihrer Frau hilft Ihnen nicht. Vor Gericht ist das ohne Gewicht. Ich stelle Sie jetzt Fühme gegenüber. Dann haben wir den Beweis."

„Was der sagt", kläffte Obrecht, „erkenne ich nicht an."

Es half nichts. Er mußte in den Nebenraum.

Der Tankstellenbesitzer saß dort und polierte pausenlos seine Brille.

Lange starrte er Obrecht ins Gesicht.

„Nee, Herr Glockner", meinte er dann. „Der war's nicht. Den habe ich noch nie gesehen. Und auf meine neue Brille kann ich mich verlassen."

Himmel! dachte Glockner.

„Mit dem Täter von vorhin hat er also keine Ähnlichkeit?" fragte er nach.

„Keine."

„Aber kennen müssen Sie ihn. Es ist Heinz Obrecht. Vor zwei Jahren haben Sie ihn identifiziert."

„Kann schon sein. Dann hat er sich wohl sehr verändert. Ich sehe ja tagtäglich Hunderte von Leuten. Da vergißt man den einzelnen."

Glockner wandte sich an Obrecht. „Sie können gehen."

Der Ganove grinste breit. „Was habe ich Ihnen gesagt, Herr Kommissar! Und endlich mal recht behalten. Aber unsereinem glaubt man ja nicht. Eine Schande!"

15. Problem ‚Sommerzeit'

Die große Standuhr in Obrechts Wohnzimmer zeigte 0.54 Uhr an. Aber die Kirchturmuhr des Schlachthof-Viertels ließ bereits die volle Stunde erdröhnen.

Eine von beiden geht falsch, dachte Obrecht. Egal!

Er hatte sich beruhigt. Mehrere Schnäpse stärkten seinen inneren Menschen. Obrecht konnte wieder lachen – über den fürchterlichen Mißerfolg.

Und jetzt, für die zweite Morgenstunde, hatte sich Freund Krätzkow angesagt, telefonisch. Daß er im Schutze der Nacht kam – diese Heimlichkeit war notwendig. Wie Obrecht von Pauline wußte, wurde Krätzkow von den Bullen gejagt.

Da klopfte es auch schon an die Hintertür. Pauline ließ die Stricknadeln sinken – und Krätzkow ein.

Auf wippenden Füßen kam er, grinsend, vom Rotwein beduselt und voller Tatendrang.

„He, alter Affenarsch!" begrüßte er Obrecht.

Händeschütteln, Schulterklopfen – bis es genug war, dann stießen sie mit Schnapsgläsern an. Obrecht erzählte, obschon widerwillig, was für ein verdammtes Pech er gehabt hatte – am Abend. Und was für ein verdammtes Glück er dann gehabt hatte – am Abend.

„Dieser Fühme ist so blöd, daß es weh tut", meinte er. „Beim erstenmal, wo ich's nicht war, erkennt er mich, und ich knacke zwei Jahre ab. Jetzt starrt er mich auf Armlänge an, daß ich denke, die nächsten fünf Jährchen sind fällig – und nichts ist. Man glaubt's nicht."

Krätzkow lehnte sich seitlich ans Klavier und stützte den Ellbogen auf. Unwille überzog seine kantigen Züge.

„Mann! Bist du plemplem? Mit solchem Blödsinn brichst du dir das Genick. Kann ja begreifen, daß die Wut in dir wabert. Aber an einem Schlaffi wie Fühme rächt man sich nicht. Heinz, ich habe Großes vor. Du sollst mitmachen. Beinahe hättest du dich ausgeklinkt."

„Ist ja gutgegangen."

„War aber knapp."

„Hm. Prost!"

Auch Pauline hob ihr Glas. Sie beobachtete, wie Krätzkow den Klavierdeckel streichelte.

„Er will uns das Klavier abkaufen, Heinz", sagte sie zu ihrem Mann.

„Wirklich?" fragte Obrecht erstaunt.

Krätzkow grinste. „Wollte schon immer mal klimpern. Tagsüber kann ich mich zur Zeit nicht aus der Bude wagen. Da wäre es nett, wenn ich ein bißchen auf dem Tasteninstrument rumhacke."

„Von mir aus kannst du's haben", meinte Obrecht.

„Prima. Aber der Transport ist ein Problem. Unterm Arm kann ich's nicht mitnehmen."

„Samstagabend ist unser Nachbar da", erklärte Pauline. „Der arbeitet sonst immer auswärts. Er hat einen Pritschenwagen, den wir ausleihen können. Damit geht's."

„Über den Preis werden wir uns einig", meinte Krätzkow. „Aber jetzt mal zu dem, was ich vorhabe. Es muß eine Sache sein, die uns wirklich großes Geld bringt. Auf Überfälle habe ich zur Zeit keinen Bock. Nur ein Kidnapping mit Lösegeld-Erpressung kann uns reich machen. Dabei denke ich nicht an irgendeinen Nachwuchs-Wanst, sondern an eine Persönlichkeit aus dem Wirtschaftsleben. Der Typ heißt Hermann Sauerlich, ist Schokoladen-Fabrikant und auf seinem Gebiet 'ne große Nummer. Den holen wir uns. Natürlich müssen wir uns maskieren, denn so doof wie Fühme ist der sicherlich nicht. Was hältst du davon?"

„Ich bin dabei", sagte Obrecht.

Pauline klapperte mit ihren Stricknadeln und enthielt sich der Stimme. Sie arbeitete an einem Winterpullover. Weihnachten sollte er fertig sein. Ob sie ihn tragen würde oder ihr Mann, stand noch nicht fest.

„Zu zweit sind wir zu dünn besetzt", spann Krätzkow seinen

kriminellen Faden weiter. „Ich jobbe zwar nebenbei für Immobilien-Renz, den ihr sicherlich kennt. Der hat's faustdick hinter den Ohren und keine Skrupel. Aber in diese Sache können wir ihn nicht mit reinnehmen. Habgierig wie der ist, würde er die Hälfte für sich beanspruchen. Außerdem ist er zu feige. Riskiert nichts. Bleibt immer im Hintergrund. Legt sich nur mit Alten und Wehrlosen an. Aber auch da muß ich die Dreckarbeit machen. Renz ist also ungeeignet. Deshalb habe ich an Ritchie Kessling gedacht. Den kennst du doch auch, Heinz."

„Na, und ob! Ritchie ist okay."

„Aber er wohnt nicht mehr hier", schaltete sich Pauline ein. „Ich traf ihn voriges Jahr. Er hatte Einbrüche gemacht bei zwei oder drei Pfarrämtern und die Kirchenkasse geklaut. Ich glaube, die Bullen waren ihm auf der Spur. Da hat er die Platte geputzt. Er wohnt jetzt bei seiner Mutter."

„Mist!" knurrte Obrecht. „Und wo wohnt die Mutter?"

„Möffelhausen heißt das Kaff. Habe ich mir gemerkt, weil's so ulkig ist. Muß ziemlich weit weg sein. Ritchie sagte was von 400 Kilometern."

„Das kriegen wir raus", meinte Krätzkow. „Und fragen können wir. Wie ich ihn kenne, macht er mit. Je gefährlicher, desto besser. Hauptsache, die Kohle stimmt."

Er trat ans Telefon und rief die Auskunft an. Abteilung Inland, wo bekanntlich Tag und Nacht Betrieb ist.

„Ich brauche einen Teilnehmer in Möffelhausen", erklärte er der freundlichen Auskunfts-Dame. „Ja, Möffelhausen. Wie Moffel mit zwei Pünktchen. Die Teilnehmerin heißt Kessling. Den Vornamen weiß ich leider nicht."

„Ich habe hier eine Brunhilde Kessling", wurde ihm nach wenigen Augenblicken gesagt. „Sonst ist nichts unter Kessling verzeichnet. Die Nummer ist..."

Krätzkow schrieb mit, bedankte sich und legte auf.

„Was meint ihr: Können wir um diese Zeit anrufen? Oder springt mir Brunhilde ins Gesicht?"

„Sicherlich meldet sich niemand", meinte Obrecht.

Er täuschte sich. Kaum hatte Krätzkow gewählt, wurde im 400 Kilometern entfernten Möffelhausen – wo auch immer das sein mochte – der Hörer abgenommen.

„Wer spricht?“ krächzte eine Schnapsdrossel-Stimme in den Draht.

„Frau Brunhilde Kessling?“ fragte Krätzkow dagegen.

„Wer spricht?“

„Wenn Ritchie da ist – ihn hätte ich gern.“

„Wer spricht?“ beharrte sie.

Alte Kuh! dachte er. Wir können das endlos fortsetzen. Aber weil das Ferngespräch teuer war, entschloß er sich zu einem Kompromiß (*Zugeständnis*).

„Hier ist der Alfons.“

„Alfons – und weiter?“

„Es gibt nur einen.“

„Ritchie ist nicht da.“

„Schade! Wann kommt er zurück?“

„Vielleicht in zwei Stunden. Aber dann schlafe ich – und ich möchte nicht, daß der Apparat klingelt.“

„Verstehe, Frau Kessling. Sagen Sie ihm bitte, daß er zurückrufen soll. Morgen, wenn Sie nicht mehr schlafen. Ich gebe Ihnen die Nummer.“

Sie murmelte beim Mitschreiben. Bei der Zwei verstand sie drei. Aber irgendwie gelang es dann doch. Jedenfalls stimmte alles, als sie die Rufnummer zur Kontrolle wiederholte.

Seufzend legte Krätzkow auf.

*

Während der Nacht bedeckte sich der Himmel. Am nächsten Morgen nieselte warmer Sommerregen herab.

Tim hatte am Türrahmen seine Klimmzüge gemacht und dann lange geduscht. Ohne Klößchen, der erst zum Unterricht eintreffen würde, ging im ADLERNEST alles viel schneller.

Aber Tim täuschte sich, was die Ankunft seines dicken Freundes und Budengenossen betraf.

Plötzlich, noch bevor zum Frühstück gegongt wurde, stand er auf der Schwelle, gehüllt in ein pitschnasses Cape. Regen tropfte ihm aus ungekämmten Haaren. Sein Gesicht war ein einziger Vorwurf mit dickem Ausrufungszeichen.

„Wo kommst du denn her?“ staunte Tim.

„Woher wohl? Von zu Hause natürlich. Schrecklich!“

„Was ist schrecklich?“

„Die verdammte Sommerzeit.“

„Wieso? Mir ist sie so lieb wie die Winterzeit.“

Klößchen riß sich das Cape herunter und warf's auf den Schrank. „Eigentlich habe ich verschlafen. Bin um zehn Minuten zu spät aufgestanden.“

„Und so zeitig schon hier? Verstehe ich nicht.“

Klößchen zog die nassen Turnschuhe aus und schlüpfte in ein anderes Paar.

„Das ist so, Tim: Wie dir bekannt sein dürfte, wird bei der Sommerzeit, die Ende März beginnt und ein halbes Jahr gilt, der Tag um eine Stunde vorverlegt. Man stellt also die Uhr um eine Stunde vor, damit alles eher anfängt. Man steht um sieben auf, in Wirklichkeit ist es erst sechs. So bleibt der Tag, abends, länger hell."

„Diese Einzelheiten sind mir bekannt", nickte Tim. „Aber was hat das mit dir zu tun?"

„Gestern abend, nach der Beglotzung durch Onkel und Tante, habe ich mich bald in mein Knabenzimmer zurückgezogen, um noch in Ruhe ein bißchen Schoko zu knabbern. Leider war nur die Iß-dich-satt da. Doch in der Not... Ferner hatte ich mit meinen lieben Eltern vereinbart, daß wir nicht gemeinsam frühstücken. Erstens nicht, weil ich morgens immer muffelig bin. Zweitens nicht, weil die Zeit zu nichts gereicht hätte. Drittens nicht, weil Mama und Papa lange aufgeblieben sind und sich ausschlafen müssen. Ich war also heute morgen ganz auf mich allein gestellt. Hm?"

„Was für einen selbständigen Knaben in seinem Knabenzimmer keine Schwierigkeit ist", grinste Tim. „Anziehen kannst du dich ja schon allein."

„Bitte, keinen Spott. Der Irrtum ist tragisch. Denn ich griff nach meinem Wecker, gestern abend, um ihn zu programmieren, damit er rechtzeitig klingelt. Und – zennnnnnngggggg! – fiel mir ein: Die Weckeruhr geht ja noch nach der längst abgelaufenen Winterzeit, hinkt also um eine volle Stunde hinterher. Hm? Leider hatte ich meine Armbanduhr schon ab- und irgendwo hingelegt, so daß der kritische Vergleich unterblieb. Jedenfalls stellte ich den Wecker eine Stunde vor. Hm?"

„Jetzt begreife ich." Tim lachte. „Der Wecker war schon auf Sommerzeit gestellt. Du hast ihn abermals vorgestellt und bist also eine Stunde zu früh aufgestanden."

„Nur 50 Minuten. Um zehn Minuten habe ich ja verschlafen. Trotzdem! So müde war ich noch nie. Und wie ich dann durch dieses Sauwetter herradele, wundere ich mich über die Einsamkeit auf den Straßen. Ist das Sauwetter, dachte ich. Deshalb. Da schickt man ja keinen Hund und keinen Schüler vor die Tür. Selbst der Friedhof, an dem ich vorbeikam, hatte was von seiner Gemütlichkeit eingebüßt."

„Es regnet", sagte Tim. „Muß auch mal sein. Kämm dich ein bißchen. Sonst motzt dich der EvD an."

„Ich habe aber auch eine gute Nachricht", berichtete Klößchen. „Meine Eltern veranstalten nun endlich die seit langem geplante Garten-Party. Verstehst du? *Garten-Party*!"

„Wann?"

„Am Samstag."

„Im Regen?"

„Samstag scheint Sonne."

„Ist das amtlich?"

„Meine Mama hat fünfmal beim Wetteramt angerufen."

„Na dann! Sind wir eingeladen?"

„Da fragst du? Meine Eltern rechnen sehr mit unserer Hilfe. Ab Samstagmittag bauen wir im Garten alles auf. Ich habe bereits die ausgeschriebene Stelle als Chef-Griller belegt. Wer sich mit mir gutsteht, für den ist gesorgt an dem Abend."

„Wieviele Gäste?"

„Keine Ahnung. Aber garantiert viele."

Es gongte.

Klößchen rannte zum Spiegel, zog sich einen Zickzack-Scheitel und bändigte seine Borsten.

16. Julia schöpft Verdacht

Um Haares- und Sekundenbreite wäre Gaby zu spät zum Unterricht erschienen. Es hatte schon zur ersten Stunde geklingelt.

Gaby schaffte es gerade noch auf ihren Platz – gleichauf mit dem Pauker stürmte sie in die Klasse.

Dr. Pingelig – der in Wirklichkeit Pinglmann hieß – bedachte sie mit vorwurfsvollem Blick, sagte aber nichts.

Tim, der in der ersten Stunde neben Karl saß, begrüßte seine Freundin mit den Augen. Ihr Lächeln ließ vergessen, daß es draußen inzwischen wie aus Kübeln schüttete und der Himmel immer grauer wurde.

Gaby schrieb auf einen Zettel, den sie dann hochhielt.

NEUIGKEIT! konnte Tim lesen.

Mehr erfuhr er nicht. Bis zur Pause mußte er sich gedulden. Dann steckte die TKKG-Bande in einer Ecke die Köpfe zusammen.

„Mein Papi hatte Nachtdienst“, berichtete Gaby. „Als er dann ganz müde zum Frühstück kam, hat er erzählt. Man hat Anna Vareno gefaßt.“

„Wen?“ fragte Klößchen.

„Na, Krätzkows Freundin“, erklärte Karl, „die Italienerin.“

„Und?“ fragte Tim. „Hat sie verraten, wo der Kerl steckt?“

Gaby schüttelte den Kopf. „Sie wurde an der Grenze festgenommen. Sie war allein – und auf dem Weg nach Italien. Krätzkow habe sie weggeschickt, um unterzutauchen, sagt sie aus. Überhaupt: Ohne ihn neben sich scheint sie keinen Mumm zu haben. Im Laufe des Verhörs gab sie nämlich zu, daß sie gelogen hat. Hinsichtlich des Alibis.“

„Das heißt, sie belastet ihn?“ fragte Tim.

„Richtig. Das Alibi ist falsch. Krätzkow war am 11. des Monats in Salzburg, hat den Juwelier überfallen und auf einen der Angestellten geschossen.“

Klößchen knurrte, als hätte ihn die Kugel getroffen.

Karl schob die Augenbrauen auf seiner Denkerstirn auf und nieder.

„Die Italienerin muß mit erheblicher Strafe rechnen“, erklärte er. „Immerhin ist sie Mitwisserin eines schweren Verbrechens. Mehr noch – sie hat falsch ausgesagt und stur darauf beharrt, obwohl dein Vater, Gaby, sie sehr ins Gebet nahm. Das hat sie nun davon.“

„Und sie hat nichts gesagt über Krätzkows Schlupfwinkel?“ forschte Tim.

„Sie glaubt, daß ihr Freund noch hier in der Stadt ist“, erwiderte Gaby. „Aber mehr weiß sie nicht. Papi meint, sie sagt die Wahrheit.“

„Es muß uns gelingen“, knirschte Tim durch die Zähne, „den Kerl zu finden. Ich will mein Kettchen wiederhaben. An den Tritt auf die Hände darf ich gar nicht denken, sonst kocht meine Wut gleich wieder auf 100 Grad.“

„Na, und mein geprellter Hintern?“ rief Klößchen. „War das vielleicht nichts?“

„Die Falltür in dem alten Haus“, sagte Gaby, „besteht übrigens schon lange. Der Vormieter, der über zehn Jahre dort wohnte, wurde ermittelt. Das sei alles schon so gewesen, sagte er. Aber er hat die Falltür nie geöffnet.“

Das Klingelzeichen ertönte. Zweite Stunde!

Tim meinte, das Beste sei's, sich gleich nach dem Mittagessen bei Gaby zu treffen. Denn wegen Krätzkow müsse man sich was einfallen lassen.

*

In Re-Immo, dem Renz-Immobilien-Büro, war die Luft feucht und schwadig. Julia Vendel hätte gern die Fenster geöffnet, wurde aber von Renz und Patzke überstimmt. Die mochten Treibhausluft. Für Renz spielte es ohnehin keine Rolle, weil er sich meistens in seinem Chef-Büro aufhielt – hinter der Doppeltür.

Als das Telefon schrillte, nahm Patzke den Anruf entgegen. Ein gewisser Dr. Mattendorf, der das Immobilien-Inserat gelesen hatte, interessierte sich für die Villa.

„Wenn es Ihnen nachher paßt“, sagte Patzke, „können Sie das Objekt besichtigen. Sagen wir, um 14 Uhr? Gut! Wahrscheinlich wird unser Chef, Herr Renz, Sie begleiten. Er weiß über alles Bescheid.“

Patzke legte auf und lehnte sich zurück. Er war ein dicklicher Bursche mittleren Alters mit hängender Unterlippe und exaktem Kurzhaarschnitt.

Julia konnte ihn nicht lange ansehen, ohne daß ihr übel wurde. Daß sie das Büro mit ihm teilen mußte, rief Leib- und Kopfschmerzen hervor.

Der Raum war spartanisch, aber nicht unfreundlich eingerichtet. Außerdem gab's noch das Chef-Büro. Zwischen ihm und dem Raum hier sorgte, wie gesagt, eine Doppeltür für Abschirmung.

„Eins-Komma-eins-Millionen“, sagte Patzke nachdenklich und zog an seiner Lippe. „Für den alten Kasten. Ich glaube, die Ostermann-Villa bringen wir nie los.“

„Die Lage ist einmalig“, erwiderte Julia, „und die Mauern sind gut. Wer da ein bißchen Geld investiert (*reinsteckt*), kriegt ein Schlößchen.“

Patzke hob die Achseln und stand auf, um zu Renz hineinzugehen.

Julia strich sich eine dunkle Strähne aus dem Gesicht und fuhr fort, das Inserat für die Zwei-Zimmer-Wohnung zu entwerfen. Aber gedanklich war sie nicht bei der Sache.

Plötzlich fiel ihr nämlich ein, welche auffällige Häufung von seltsamen Vorkommnissen sich bei der Ostermann-Villa ereignet hatte.

Kurz darauf, während der Mittagspause, fuhr sie zu dem kleinen Restaurant, wo sie bisweilen aß – bescheiden und preiswert. Sie rief bei Glockners an. Gaby war gerade aus der Schule zurückgekommen.

Julia teilte ihr mit, was sie dachte.

„... denn auf die Ostermann-Villa ist Renz selber ganz versessen“, sagte sie unter anderem. „Deshalb bin ich sicher: Das alles geht nicht mit rechten Dingen zu.“

„Sag mir schnell die Adresse“, rief Gaby.

*

Der Regen hatte nachgelassen. Schwaden hoben sich aus dem warmen Boden. Der Fluß schäumte. In den Gullys gur-

gelte das Wasser, und alle Blätter an Bäumen und Sträuchern glänzten frisch gewaschen.

Renz fuhr in seinem Mercedes voran. Er hatte reichlich zu Mittag gegessen – wie immer zu viel, zu fett und zu salzig. Jetzt rülpste er mehrfach, was er sich erlauben konnte, da er allein war. Im Rückspiegel beobachtete er den Interessenten.

Dr. Mattendorf, ein Endfünfziger, roch förmlich nach Geld. Er fuhr einen Porsche. Seine Frau, eine Jungmaus, trug einen Sommerpelz, der Tierschützer auf die Barrikaden treibt. Sie hatte blaue Kulleraugen und schien ziemlich doof zu sein.

Renz hielt vor dem Grundstück. Es regnete nun gar nicht mehr. Der Häuserkönig konnte aussteigen, ohne den Schirm aufzuspannen.

Mausi Mattendorf – ihr Mann nannte sie Mausi – sprang als erste aus dem Porsche.

Renz' ausgestreckter Zeigefinger wurde richtig gedeutet.

Sie klatschte in die Hände.

„Ludwig! Dort ist unser Haus! Wundervoll! Die hohen Fenster! Die Türmchen!"

„Es sind 2400 Quadratmeter Garten", sagte Renz und grinste quer über sein bulliges Gesicht. „Alter Baumbestand, wie Sie sehen. Wo findet man das noch! Es ist ein bißchen weit draußen – zugegeben. Aber mit der U-Bahn kommen Sie schnell ins Zentrum. Modernisieren muß man sie allerdings."

„Wen? Die U-Bahn?" Mausi weitete ihre Kulleraugen.

Sollte das ein Witz sein?

„Die Villa, gnädige Frau", sagte Renz.

Wieder wandte sie sich ihrem Ludwig zu, der mit geschürzten Lippen den Blick schweifen ließ.

„Sieh nur die vergitterten Fenster!" rief sie. „Und der schmiedeeiserne Zaun. Da fühle ich mich geborgen."

„Für meine Frau ist das wichtig", erklärte Mattendorf. „Mausi fürchtet sich leicht. Na ja, dann wollen wir mal!"

Renz hatte einen Bund mit vielen Schlüsseln.

Während sie sich in der Eingangshalle umsahen und die ersten Räume hinter sich brachten, erklärte er, daß der Preis äußerst günstig sei.

„Ein echter Notverkauf, Herrschaften. Dem derzeitigen Besitzer steht das Wasser bis zum Hals. Er braucht dringend Geld. Zuerst", log er, „wollte er eins-Komma-fünf-Millionen. Aber für den Wahnsinnspreis finde ich ja nie einen Käufer. Das habe ich ihm klargemacht."

Die Katastrophe bahnte sich an, als sie in die Küche traten.

„Pfui, Teufel!" knurrte Mattendorf. „Wie sieht's denn hier aus? Ist das eine öffentliche Bedürfnisanstalt?"

Renz gluckste aus enger Kehle, riß seinen Hut vom Kopf und wischte sich über die Stirn. Dann eilte er zum Terrassenzimmer.

Das lag rückseitig, öffnete sich mit breiter Glasfront zum parkgroßen Garten.

Auf der Schwelle blieb Renz wie angewurzelt stehen.

Da es sich um eine zweiflügelige Tür handelte, hatten Ludwig und Mausi neben ihm Platz.

„Pfui, Teufel!" wiederholte Mattendorf.

„Einbruch!" erkannte Mausi. „Mein Gott! Haben die gehaust. Sie haben auf dem Parkettboden Feuer gemacht."

„Schon wieder!" röhrte Renz. Er packte seinen Hut, als wollte er ihn fressen. „Das ist der sechste... sechste... Verfluchtes Gesindel!"

„Wollten Sie sagen, das ist der sechste Einbruch?" erkundigte sich Mattendorf.

Renz blickte zu Boden. „Ja. Das heißt... Ja. Aber doch nur, weil die Bu... die Villa leer steht. Sobald hier... Heh!" schrie er und riß den Kopf hoch.

Sein Blick schoß durch die demolierte (*zerstörte*) Terrassentür in den Garten.

Dort zeigten sich, von rechts kommend, eine knappe Handvoll jugendlicher Typen.

„Huch!" rief Mausi. „Sind das die... Einbrecher?"

17. Das Gespräch

Tim stand bis zur halben Wadenhöhe im feuchten Gras, wandte der Terrassentür den Rücken zu und mußte sich das Lachen verkneifen.

Gaby, Karl und Klößchen scharten sich um ihn und blickten eifrig hierhin und dorthin, immer gartenwärts.

Natürlich hatten alle das Gebrüll in der Villa gehört. Aber sie stellten sich taub.

„Oskar!“ rief Tim. „Wo bist du? Bell doch mal!“

Kein Wuff und kein Wau antwortete. Statt dessen wurde hinter ihnen die demolierte Tür aufgerissen.

„Jetzt!“ brüllte Renz, „habe ich euch. Ihr seid die Einbrecher! Hiergeblieben!“

In Zeitlupe wandte sich die TKKG-Bande dem Haus zu.

„Was?“ fragte Tim. „Wieso sind wir Einbrecher? Wurde hier eingebrochen? O weh, die Tür.“

Renz war auf die Terrasse getreten. Er ballte die Fäuste und schob den Unterkiefer hin und her.

Auch das Ehepaar Mattendorf – den Namen der Interessenten wußte die TKKG-Bande von Julia – bemühte sich ins Freie. Er blickte streng, sie etwas verzagt. Mit beiden Händen hielt sie sich an ihrem Sommerpelz fest.

„Sechsmal“, keuchte Renz, „habt ihr hier eingebrochen. Ihr verdammtes Gesindel!“

Tim schob die Brauen zusammen und blickte nachdenklich. „Freunde, kennen wir den nicht?“

„Klar“, knurrte Klößchen. „Das ist der Mistkerl, der die kranke, alte Frau aus ihrem Häuschen vertreiben will – mit Gewalt und Terror.“

Renz lief rot an. „Gleich haue ich dir eine rein, du...“

„Würde ich nicht tun an Ihrer Stelle“, fiel Tim ihm ins Wort. „Wir hauen nämlich zurück – und zwar saftig.“

Mausi brachte sich mit einem Schritt hinter ihrem Ludwig in Sicherheit, obwohl die angebotene Dresche nicht ihr galt.

Mattendorf, der eigentlich schon im Abflug war, fühlte sich zu einem klärenden Wort gemüßigt.

„Wenn ihr nicht die Einbrecher seid", sagte er, „was macht ihr dann hier?"

„Wir suchen Oskar", antwortete Gaby, „meinen Hund. Er ist auf das Grundstück gelaufen und stöbert nun überall. Ein schwarzweißer Cocker-Spaniel. Wo ist er nur? Wo bleibt er nur? Oooooskar!" rief sie dem alten Baumbestand zu und machte eine Vierteldrehung nach rechts.

„Oooooskaaaaar!" fielen Tim, Karl und Klößchen in voller Lautstärke ein.

„Ruhe!" brüllte Renz. Er stampfte auf. „Und verschwindet sofort."

Tim wandte sich an seine Freunde, als hätte er Renz nicht gehört. „Hier scheint er nicht zu sein. Wir sehen vorn noch mal nach. Vielleicht ist er auch schon bei den Tretmühlen."

Er grinste Mattendorf an, kniff ein Auge zu und trollte sich zur Ecke. Seine Freunde folgten ihm.

Renz atmete schwer. „Ich werde die Polizei verständigen", erklärte er dem Paar. „Sollen sich die Bul... die Beamten um diese verrohte Jugend kümmern."

„Den Hinweis können Sie der Polizei ersparen", erwiderte Mattendorf. „Daß die vier keine Einbrecher sind, merkt man doch. Im übrigen: Besten Dank für Ihre Mühe. Aber wir sind nicht mehr interessiert. Die Villa entspricht nicht unseren Vorstellungen."

Inzwischen hatte die TKKG-Bande das Grundstück verlassen. Alle trabten bis zur Ecke, wo vier Drahtesel am schmiedeeisernen Zaun lehnten.

Oskar war mit kurzer Leine angebunden, wedelte und machte Männchen vor Freude.

„Na so was!" rief Klößchen. „Wir haben den schlausten Hund der Stadt. Bindet sich selbst an den Zaun und bewacht unsere Stahlrosse."

Tim kraulte den treuen Vierbeiner.

Ruhe!
und verschwinde sofort!

„Viel hat unser Auftritt nicht gebracht", meinte er. „Aber Julia bleibt am Ball. Jetzt heißt es abwarten."

*

Um 9.00 Uhr morgens hatte Ritchie Kessling von seiner Mutter Brunhilde im fernen Möffelhausen den Zettel erhalten, auf dem Obrechts Rufnummer stand. Er solle dort anrufen, ein gewisser Alfons habe sich gemeldet, erklärte sie; und Ritchie spurte sofort.

Daß es sich bei Alfons nur um Krätzkow handeln könne, ahnte er. Aber dann meldete sich Obrecht. Das war fast genauso gut. Das Gespräch dauerte nur wenige Minuten. Dann pumpte sich Ritchie von seinem lieben Muttchen 500 Mark, was sie zwar herausrückte, aber nur mit protestierendem Knirschen ihrer dritten Zähne.

Er sagte tschüs, stieg in seinen alten Kombi und ließ die Frage offen, wann er zurückkehren werde. In drei Tagen oder drei Wochen. Wer konnte das wissen.

Auf der Ladefläche des Kombis transportierte er einen elektrischen Rasenmäher.

Der war alt und rostig. Er streichelte das Gras mehr, als daß er es schnitt und mähte. Aber für Ritchie genügte das. Ritt er doch da eine ganz gemeine und gaunerschlaue Tour.

Neben dem Mäher stand ein Karton mit hektographierten (*vervielfältigten*) Blättern. Der mit Filzschreiber gemalte Text pries den RMSD an, den Rasenmäher-Schnelldienst. Der komme ins Haus bzw. in den Garten und sei stets zu Diensten. Anruf genüge.

Ritchie fuhr die 400 Kilometer – genau waren es 411 – auf einen Rutsch durch, parkte schließlich vor Obrechts Adresse und drückte auf die Klingel.

Er war ein langer, dürrer Kerl mit Bewegungen, als hätte er Gummigelenke. Die gebogene Nase schien ständig in den Wind zu schnüffeln. Kleine, engstehende Augen bewegten sich flink. Sein 31. Geburtstag lag erst wenige Tage zurück. Gefeiert hatte er ihn nur, um sich von seinem lieben Muttchen – das er ausnahm wie eine Weihnachtsgans – beschenken zu lassen.

Obrecht öffnete.

„Ritchie! Toll! Ging ja schnell. Rein mit dir."

Pauline lauerte in der Diele und begrüßte ihn herzlich.

Kaum daß er sich aus ihrer Umarmung befreit hatte, klingelte es zum zweitenmal.

Vor der Tür stand ein Kerl. Sein Gesicht wurde von der größten Sonnenbrille versteckt, die Ritchie jemals gesehen hatte. Ein Sommerhut war tief in die Stirn gezogen.

„Alfons?" fragte Ritchie.

Krätzkow trat über die Schwelle, nahm die Brille ab und grinste.

„Rätst du, oder erkennst du mich? Egal! Ich mache sowieso einen Bogen um jeden Uniformierten."

Im Wohnraum, wo das Klavier stand, setzte man sich um den Tisch. Wegen der Schwüle entschieden sich alle für Bier statt für Schnaps. Dann erläuterte Krätzkow seinen Plan.

Ritchie sagte nicht viel, aber er nickte immer wieder. Erst als Krätzkow fertig war, nahm er das Wort.

„Alles klar. Bis auf dies: Erst mal müssen wir bei dem Sauerlich ausbaldowern (*erkunden*), wie was wann wo läuft. Kann ja sein, der ist Nachtmensch und macht seinen Abendspaziergang zwischen zwei und drei Uhr früh. Hähähäh! Aber so weit, schätze ich, kommt er uns nicht entgegen. Habe einen Vorschlag."

Er trank von seinem Bier. Den Schaum wischte er sich mit dem Ärmel von der Lippe.

„Laß hören!" sagte Krätzkow.

„Ich mache auf Rasenmäher-Schnelldienst. Zu Hause. Indem ich bei den Leuten im Garten rumtue, stelle ich fest, ob was zu holen ist und wie man von der Gartenseite ins Haus kommt. Klappt immer. Über ein Dutzend Brüche (*Einbrüche*) habe ich solcherart abgezogen."

„Stark!" sagte Obrecht. „Und gut. Aber vielleicht hat Sauerlich seinen eigenen Gärtner."

„Vielleicht", nickte Krätzkow. „Vielleicht auch nicht. Einen Versuch ist die Sache wert. Klappt es nicht, müssen wir anders ausbaldowern."

Ritchie zog eins seiner hektographierten RMSD-Werbeblätter aus der Brusttasche.

„Hier. Wir streichen lediglich meine Möffelhausener Telefonnummer durch und setzen deine ein." Er meinte Obrecht. „In Sauerlichs Straße stecken wir ein Blatt in jeden Briefkasten. Bei Sauerlichs klingeln wir – und bieten unsere Dienste persönlich an. So was zahlt sich immer aus, nach meiner Erfahrung. Die Leute kommen dann viel eher auf einen zurück. Außerdem: Bei der Gelegenheit sehen wir schon einiges. Vielleicht den Schoko-Fabrikanten selbst. Oder seine Alte. Oder wenigstens das Hausmädchen. Gebongt?"

„Also wirklich", meinte Krätzkow. „Es hat sich gelohnt, bei dir anzurufen. So was nenne ich einen konstruktiven (*nützlichen*) Vorschlag. Darauf müssen wir trinken."

*

Im Immobilien-Büro Renz herrschte dicke Luft.

Patzke klopfte mit dem Kugelschreiber an seine Zähne und vermied jeden Kommentar.

Renz stand am Fenster und machte ein verbissenes Gesicht.

Julia schüttelte immer wieder den Kopf. „Als sollte es nicht sein. Auf der Ostermann-Villa lastet ein Fluch. Sechs Einbrüche innerhalb von ..."

„Fluch! Ein Fluch! Ja!" schrie Renz dazwischen. „Das ist es. Und das werde ich ihm sagen." Er meinte Ostermann, den verschuldeten Eigentümer. „Wir inserieren und inserieren wegen dieser Bude. Und laufen uns die Hacken schief. Nein! Sense! Nicht mit uns!"

Er rannte in sein Büro, schloß aber nur eine der Türen.

Julia hörte, wie er telefonierte.

Der anfangs heftige Ton wurde plötzlich sehr sanft. In der Art ging es weiter, bis der Hörer aufgelegt wurde.

Dann kam Renz zurück, strahlend wie ein Fettauge auf doppelter Rinderkraftbrühe. Er rieb sich die Hände.

„Kinder! So hat doch alles sein Gutes. Ihr glaubt ja nicht, was eben gelaufen ist. Natürlich nur, weil Ostermann finanziell am Rande des Abgrundes balanciert. Er braucht Geld. Schnelles Geld. Die Steuerbehörde sitzt ihm im Genick. Und wie man weiß, kennt die kein Erbarmen. Jedenfalls – er verkauft mir seine Villa."

„Was?" rief Patzke.

„Mehr als 600000", nickte Renz, „habe ich ihm gesagt, sind nicht drin. Erinnert euch: Er wollte eins-Komma-eins-Millionen. Jetzt kriegt er eine halbe Million weniger. Aber er willigt ein. Er ist fertig mit den Nerven. Und er denkt sich: Besser das als in die hohle Hand... Hähähäh!"

Widerlich! dachte Julia. Aber sie lächelte. „Gratuliere, Herr Renz. Ich höre schon den Baulöwen brüllen. Sie werden die alte Hütte sicherlich abreißen und eine tolle Wohnanlage draufstellen."

„Schon möglich", knurrte er. Daß man seine Pläne erriet, mochte er nicht.

Julia schob ihren Stuhl zurück und stand auf. „Leider muß ich jetzt los. Habe noch einen Termin beim Arzt. Wegen meiner Kniegelenke."

Die beiden nickten zum Abschied.

Julia schlüpfte in ihre Jacke, nahm die Schultertasche und verließ das Büro.

Als sie gegangen war, holte Renz eine Cognac-Flasche aus seinem Schreibtisch. Grinsend schenkte er ein. Sie prosteten sich zu.

„Auf unsere Durchtriebenheit!" meinte Patzke. „Aber nicht vergessen, Chef: Mit 20000 – bar auf die Hand – bin ich dabei."

„Du kommst mich ganz schön teuer. Krätzkow hat die sechs

Einbrüche gemacht. Und nicht nur das: Den Köter von der Fleising hat er überfahren. Und die Fensterscheiben hat er bei ihr eingeschlagen. Alles in allem zahle ich ihm nur 5000 Mark."

„Der ist ein Handlanger", lachte Patzke. „Ich bin Kopfarbeiter. Ich bringe die Objekte, Chef, an denen wir dann unsere Tricks ausprobieren. Rechne mal zusammen, wieviel du im letzten Jahr gespart hast. Mir ist immer was eingefallen, womit man die Eigentümer zum schnellen Notverkauf zwingt."

„Stimmt." Renz trank einen Schluck Cognac. „Aber das Tollste war, als Krätzkow vorigen Sommer die Schrödermeyer-Villa in Schutt und Asche gelegt hat. Kein Mensch ahnte was von Brandstiftung, hahahah! Weil ausgerechnet in der Nacht vier andere Häuser im Stadtgebiet niederbrannten. Ein willkommener Zufall. Und wie billig konnte ich die Ruine dann kaufen!"

„An die Sache denke ich mit Grausen."

„Weshalb?"

„Na, zwei Schwerverletzte gab's. Der alte... wie hieß er doch gleich? ...der wäre fast gestorben. Und die Frau ist seitdem ziemlich entstellt – von den Brandwunden."

„Ist es unsere Schuld, wenn die sich nicht rechtzeitig retten? Man muß hart sein, Patzke! Wenn man heutzutage in der freien Marktwirtschaft bestehen will, geht's gar nicht anders. Mitleid vermasselt die Geschäfte. So ist das nun mal."

18. Mit einem Patsch auf den Pudding

Tim und Klößchen hatten sich entschlossen, die Arbeitsstunde im Internat zu schwänzen. Gehört doch leider die Zeit zwischen 16 und 18 Uhr zum interessantesten Teil des Tages.

Statt dessen wollten sie den Abend opfern: fürs Pauken und die schriftlichen Hausaufgaben.

Seit ihrer Rückkehr von der Ostermann-Villa saßen die vier in Gabys Zimmer und redeten sich die Köpfe heiß.

Um Renz ging's und um Krätzkow.

Was den Häuserkönig betraf, mußten sie auf Julias Hilfe bauen. Vielleicht ließ sich ein Gespräch abhören, mit dem der Kerl ein Eigentor schoß. Damit kam dann hoffentlich eine Lawine ins Rollen. Eine Lawine, von der auch Krätzkow mitgerissen bzw. an die Oberfläche gespült wurde.

„Wenn man in ein Ganoven-Team", meinte Karl, „erst mal einen Keil treibt, knackt es bald im Gebälk. Der Mensch ist des Menschen Wolf – das gilt besonders für Verbrecher. Nicht nur, daß der eine den andern frißt. Geht einer unter, reißt er den andern mit rein. Fällt Renz auf die Plauze, wird er Krätzkow sicherlich verraten."

„Ist meine Rede von anno vorgestern", sagte Tim. „Aber wir sollten auch..."

Er hielt inne, denn im Flur klingelte das Telefon.

Margot Glockner war nicht da, sondern unten in ihrem Feinkost-Geschäft. Der Kommissar hatte sich mittags wieder ins Präsidium begeben – wegen Arbeit zuhauf. Was das betrifft, ist von der Unterwelt kein kooperatives Verhalten (*Zusammenarbeit*) zu erwarten. Kein Ganove berücksichtigt, daß auch ein Kriminalbeamter Anspruch hat auf Freizeit.

Gaby lief ans Telefon.

„Julia? Ja... Wie?" Nach etwa 20 Sekunden quietschte sie auf. „Phantastisch! Wir kommen!"

Atemlos stürzte sie herein. „Julia hat ein... ein Gespräch aufgenommen. Zwischen Renz und Patzke. Wahnsinn! Die haben sich unterhalten wie Al Capone und Ritter Blaubart (*amerikanischer Gangsterboss und französischer Frauenmörder*)."

„Wo ist sie jetzt?" rief Tim.

„In ihrem Auto. Hinter dem Gebäude von Re-Immo."

*

Die Bürohäuser leerten sich. Die Menschen, die ins Freie strömten, wirkten müde. Aber da der Feierabend bevorstand, spiegelten einige Gesichter Erwartung und Frohsinn.

Julias Kleinwagen stand auf dem Parkplatz, der zu einem Hochhaus gehörte. Zig Firmen stapelten sich in dieser Betonwabe über- und nebeneinander.

Re-Immo war im zweiten Stock, ostseitig untergebracht.

Das Mikrofon, das Julia unter ihren Schreibtisch geklebt hatte, tat sich keineswegs schwer mit der Übertragung des aufschlußreichen Gesprächs.

Alles war Wort für Wort in den Kleinwagen übermittelt worden, wo Julia rechtzeitig das Bandgerät eingeschaltet hatte.

Die Aufzeichnung begann mit Patzkes Stimme.

„...Durchtriebenheit. Aber nicht vergessen, Chef: Mit 20000..."

Die TKKG-Bande, ohne Oskar, hatte sich zu ihr in den Wagen gequetscht. Es war fürchterlich heiß. Und sie konnten die Fenster nicht öffnen, weil alle naselang jemand vorbeilatschte, der dann mitgehört hätte. Klößchen schwitzte. Gaby betupfte sich mit einem Tüchlein die Schläfen. Sie pustete auch mehrmals gegen ihren Pony.

Schweigend hörte sich die TKKG-Bande die Aufnahme an.

Nur als von Lumpis Ermordnung die Rede war, knirschten Zähne und der Atem wurde gepreßt.

Nachdem Renz gesagt hatte: „...Mitleid vermasselt die Geschäfte. So ist das nun mal..." schaltete Julia ab.

„Jetzt kommt nichts mehr. Sie haben dann nur noch sehr abfällig von Weibern geredet. Auch von mir."

„Es reicht.“ Tims Stimme klirrte. „Laßt mich mal raus. Ich rufe Gabys Vater an.“

„Besser ist, *ich* bringe meinem Papi bei, daß wir wiedermal auf eigene Faust unternehmungslustig waren“, sagte Gaby – und stieg mit ihm aus.

Eine Telefonzelle war in der Nähe.

Kommissar Glockner benötigte nur zehn Minuten. Ein Mitarbeiter begleitete ihn.

Der Kripo-Wagen hielt neben Julias Schlaglochhüpfer. Glockner begrüßte die junge Frau, der er vor Jahresfrist sehr geholfen hatte.

„Und meine Tochter“, sagte er, „hat das also schamlos ausgenutzt und Sie für die TKKG-Bande eingespannt. Wohl mit Erfolg, wie man mir eben am Telefon versicherte.“

Das Tonbandgerät wurde in den Kripo-Wagen gebracht. Tim erklärte dem Kommissar, unter welchen Umständen sie auf Renz gestoßen waren.

„Es verquickt sich, Herr Glockner, mit Ihrer Fahndung nach Krätzkow. Denn Renz beschäftigt ihn, wie Sie gleich hören werden. Tja, da sind uns mit einem Patsch auf den Pudding zwei Tore gelungen – oder wie das Sprichwort von den zwei Fliegen in Abwandlung lautet. Achtung, Ohren spitzen! Ich schalte ein."

„...Durchtriebenheit", tönte Patzkes Stimme vom Tonband.

*

Sie erzählten sich Witze, gröhlten vor Lachen und waren beim achten Gläschen Cognac angekommen, als es klopfte.

Renz wollte hereinrufen, aber die Tür öffnete sich schon.

Herein trat ein großer, markant aussehender Mann. Sein eisiger Blick gefiel Renz ganz und gar nicht.

Außerdem... Hinter dem Typ kam noch einer. Und dann... nein! Nicht schon wieder! Das waren doch diese verdammten Bälger, die entweder bei dem alten Lommingen rumhingen oder ihren Köter suchten, der sich in fremden Gärten rumtrieb.

Schrecklich! dachte Tim. Er hat Lumpi umbringen lassen. Könnte ich ihm doch eine reindonnern! Daß ihm die Ohren abfallen von seiner Specksülze – diesem Verbrecher, Tiermörder, Brandstifter, Gangster! Ich möchte, aber es geht nicht, weil der Kommissar dabei ist. Sch... ade! Die Gerechtigkeit ist manchmal viel zu zahm.

„Wir sind hier kein Wartesaal", sagte Renz durch die Zähne. „Was wollen Sie?"

„Kriminalpolizei!" Glockner zeigte seine Marke. „Was ich Ihnen jetzt eröffne, wird Sie wenig begeistern. Ihre Mitarbeiterin Julia Vendel hat hier im Raum ein Abhörgerät angebracht. Weil schon lange erheblicher Verdacht besteht gegen Ihre Geschäftsmethoden, Renz. Ihr eben geführtes Gespräch, meine Herren, wurde abgehört und aufgezeichnet. Welchen Wert dieses Tonband als Beweisstück hat, darüber brauchen wir jetzt nicht zu streiten. Mir ist einzig und allein wichtig, was ich für Informationen erhalte. Nämlich, daß Sie, Renz, mit dem steckbrieflich gesuchten Kriminellen Alfons Krätzkow zusammenarbeiten. Daß die Einbrüche in die Ostermann-Villa auf Bestellung verübt wurden, daß auf Ihr Geheiß ein Hund getötet wurde und daß Sie für die Brandkatastrophe Schrödermeyer-Villa verantwortlich sind. Die Beweise für alles beschaffe ich. Otto Renz, Kuno Patzke – Sie beide sind verhaftet."

Patzke jaulte auf, als wäre ihm ein größeres Immobilien-Objekt auf die Zehen gefallen.

Renz taumelte rückwärts an die Wand. Sein Mund stand offen. Das Gesicht lief blaurot an. Verzweifelt riß er sich den Kragen auf und schnappte nach Luft.

Herzanfall! dachte Tim.

Im weiteren Verlauf der Situation mußte ausgerechnet er – der besonders gut ausgebildet ist in Erster Hilfe, Wiederbelebung und Knochenbruch-Schienen – sich um Renz bemühen. Und er bemühte sich wirklich!

Glockner telefonierte nach dem Notarzt.

Tim verabreichte Renz eine erfolgreiche Brustmassage. Viel lieber hätte er den Kerl verdroschen. Aber den strafte der Schock – und mit seiner Gesundheit stand's offenbar nicht zum Besten. Immerhin konnte er bald wieder atmen.

Der Rest war Routine.

Wegen Verdunklungsgefahr ihrer Verbrechen wurden beide Übeltäter in Haft genommen. Renz erholte sich, so daß der Amtsarzt keine Bedenken hatte.

Damit sich voller Durchblick einstellte, wurde Glockner über Eduard von Lommingen und Lena Fleising informiert – besonders über deren Probleme.

„Was das betrifft", sagte der Kommissar, „könnt ihr die alten Leutchen beruhigen. Die Häuser am Ottermann-Weg", das war die Adresse, „werden nämlich unter Denkmalschutz gestellt. Ich weiß das aus zuverlässiger Quelle."

„Das bedeutet“, fragte Tim: „Für einen Baulöwen ist dort nichts zu holen?“

„Nichts“, nickte Glockner. „Renz weiß das offenbar noch nicht. Der Beschluß wurde erst gestern gefaßt – im Rathaus.“

„Dann können also Lena und Edu dort draußen wohnen, bis sie alt und grau werden“, meinte Klößchen.

„Alt und grau sind sie schon“, sagte Karl. „Ansonsten hast du recht.“

„Sofort müssen wir sie anrufen“, sagte Tim. „Damit sie sich freuen können und beruhigt sind.“

Und schaudernd dachte er an Edus Verzweiflungstat mit dem curare-vergifteten Glassplitter. Wie leicht hätte das in die Hose gehen können – bzw. bei Renz in den Daumen.

Wie die TKKG-Bande anderntags erfuhr, wurden Renz und Patzke die halbe Nacht lang verhört. Immer wieder bohrte Glockner mit der Frage, wo sich Krätzkow verstecke.

Beide beteuerten, es nicht zu wissen.

Als das Verhör endlich abgebrochen wurde, war der Kommissar davon überzeugt, daß die beiden nicht logen.

Damit blieb der Fahndungsbefehl nach Alfons Krätzkow in Kraft.

19. Geköpfte Blumen

Es war Mittag.

In der Eichen-Allee, wo bekanntlich die Sauerlichs wohnen, herrschte vornehme Stille. Niemand war zu sehen. Nur ein Rolls Royce rollte an den Grundstücken vorbei und bog dann in seine Einfahrt.

Kesslings alter Kombi hielt am Anfang der Straße.

„Hahah!“ meinte Obrecht und stieg aus.

Ritchie Kessling schloß seine Karre ab.

Beide hatten sich ordentlich gekleidet und vor dem Spiegel ein vertrauenerweckendes Lächeln geübt.

Krätzkow war selbstverständlich nicht dabei. Er konnte sich an den Daumen abzählen, daß nach ihm gefahndet wurde. Also war es besser, sich nicht blicken zu lassen – auch nicht mit Sonnenbrille und Hut.

Ritchie und Obrecht sockten die Straße ab.

Jeder Briefkasten erhielt ein RMSD-Werbeblatt.

Sollte jemand darauf reagieren und um entsprechende Dienste bitten, würde man ihm den Bescheid geben, wegen Arbeitsüberlastung sei zur Zeit kein Termin frei.

„Und das ist die Sauerlich-Hütte“, sagte Obrecht leise.

„Könnte mir gefallen.“ Ritchie grinste. „Aber es sind höchstens 15 Zimmer. Also viel zu klein für unsereins. Oder möchtest du so beengt wohnen?“

„Hahahah!“ feixte Obrecht. „Beengt. In unserem Haus gibt's nicht mal einen Keller. Tatsache! Das Haus ist nicht unterkellert – und deshalb im Winter ziemlich fußkalt. Pauline legt dann immer Filzsohlen in unsere Hauslatschen.“

„Ich weiß, daß ihr keinen Keller habt“, sagte Ritchie. „Darüber haben wir schon dreimal geredet.“

„Ah, stimmt ja.“

Seit seiner Ankunft wohnte Ritchie bei den Obrechts. Das war die einfachste Lösung. Pauline hatte in der Abstellkammer eine Sommerliege für ihn aufgestellt. Das reichte.

Ohne Eile gingen sie zur Haustür. Obrecht klingelte.

Nach gemessener Frist wurde geöffnet.

Erna Sauerlich – Klößchens überschlanke und hochgewachsene Mutter – blickte fragend und ein bißchen unwillig.

„Einen schönen guten Tag, gnädige Frau", Ritchie lächelte gewinnend. „Wir sind vom Rasenmäher-Schnelldienst und wollten mal fragen, ob Sie vielleicht einen Schnitt brauchen."

Ernas Miene belebte sich. „Sie schickt der Himmel."

„Schon möglich", grinste Ritchie. „Das heißt, einen direkten Auftrag haben wir von dort nicht. Aber Ihren Worten entnehme ich, daß der Rasen sehr hoch steht."

„Wie eine Prärie. Und unser Gärtner ist verreist. Mitten im Sommer verreist er ans Mittelmeer. Naja, das Recht hat er."

„Also dürfen wir Ihre Prärie bearbeiten?"

„Sie dürfen. Aber nicht heute. Wir geben Samstagabend eine Garten-Party. Wenn Sie am frühen Nachmittag kommen, wäre das die richtige Zeit. Dann ist das Gras abends noch schön kurz. Samstag 14 Uhr – können Sie kommen, ja?"

„Wir können, gnädige Frau. Hier ist übrigens unser Werbezettel. Mit Telefonnummer. Ich bin Richard Kessling, das ist mein Kollege Heinz Obrecht."

„Ich verlaß mich auf Sie", sagte Erna, nahm den Zettel entgegen und schloß die Tür.

*

Der Samstag begann mit bewölktem Himmel.

Tim stand im ADLERNEST am Fenster und dachte: o weh!

Doch dann klarte es auf. Die Sonne strahlte. Und mittags, als sich die TKKG-Bande bei den Sauerlichs einfand, war der Himmel so makellos blau wie Gabys Pupillen.

Im Garten werkelten bereits zwei Abgesandte vom Party-Service. Sie stellten Tische und Bänke auf, auch den Baldachin (*Stoffhimmel*), unter dem nachher das Kalte Büffet aufgebaut werden sollte.

Die TKKG-Bande begann, sich nützlich zu machen.

Ist ja noch enorm viel zu tun, dachte Tim – und kümmerte sich um die Musikanlage samt Stereo-Boxen.

Gaby und Karl hängten Lampions auf.

Klößchen polierte am Grillplatz den Bratspieß.

Irgendwas, dachte Tim, stimmt nicht. Was? Ah, die Kulisse! Der Garten, der Rasen! Der sieht ja aus. Wenn sich da eine Dame auf hohen Absätzen bewegt, liegt sie sofort bäuchlings. Peng! Was tun? Soll ich gleich oder ...

„Um Gottes willen!“ schallte Hermann Sauerlichs Stimme über die Terrasse – und unterbrach Tims Gedankenfluß.

Der Schoko-Fabrikant stemmte beide Hände in die Hüften und starrte in den Garten.

Erna kam mit einem Tablett voller Gläser aus dem Haus und hatte den Aufschrei vernommen.

„Was ist, Hermann?“

„Sieh dir das an. Den Rasen!“

Erna lächelte. „Wie die Halme gewachsen sind. Das geht so schnell – man könnte zusehen.“

„Aber abends, wenn der Tau fällt“, rief Klößchen, „wird's feucht. Papa, sag doch den Gästen, die sollen Gummistiefel mitbringen.“

„Gummistiefel zum kleinen Abendkleid?“ Erna tat entsetzt. „Also, Hermann, das geht wirklich nicht.“ Sie begann zu lachen. „Keine Sorge. Ich habe an unsere Wildnis gedacht. Der Rasenmäher-Schnelldienst wird jeden Moment hier sein.“

Schnelldienst? dachte Tim. Du liebe Güte! Das sind sicherlich wieder Zeitlupen-Arbeiter mit Blei in den Füßen.

Seine Befürchtung wurde übertroffen von dem, was dann geschah.

Mißtrauisch beäugte er die beiden Typen. Sie trugen blaue Overalls, Anglerhüte und große Sonnenbrillen. Gemeinsam schleppten sie einen vorsintflutlichen Rasenmäher, der möglicherweise auseinanderplatzte, wenn man ihm Strom ins Getriebe gab.

Kessling und Obrecht. So hießen die beiden, wie Erna berichtet hatte.

Was Tim von den Gesichtern sah, gefiel ihm nicht. Und die technische Ausrüstung war wirklich unter aller Sau.

Immerhin hatten beide artig gegrüßt. Erna winkten sie zu, als sei sie eine alte Vertraute. Dann machten sie sich im Hintergrund ans Werk. Wie sich rausstellte, handelte es sich bei dem Mäher nicht um ein modernes Elektro-Modell, sondern um einen alten Benzin-Motor-Gras-Abschneider.

Die Party-Service-Abgesandten beendeten ihr Möbelrükken, erhielten Trinkgeld und zogen ab.

Erna und Hermann pilgerten an dem ewiglangen Tisch entlang und diskutierten die Sitzordnung.

„Hier Dieter, dann Ute und Eckardt, gegenüber den Lutz", sagte Erna.

„Helmut und Franz-Josef müssen wir weit auseinandersetzen", sagte Hermann. „Die streiten sonst wieder den ganzen Abend über Politik."

„Igitt!" meinte Erna. „Wir wollen doch feiern."

Tim griff zum Schraubenzieher und setzte die Reparatur an einer Stereo-Box fort.

Als der Rasenmäher überlaut spuckte, blickte er auf.

Um Himmels willen! Diese Idioten! Wohin glotzten die – statt auf ihr Gerät zu achten?

Volle Pulle rollte der Mäher soeben ins Blumenbeet.

Rrrrrrr... setchsetchsetch... flogen die Köpfe von Drachenwurz, Gedenkemein, Nachthyazinthe und Tränenden Herzen umher.

„Halt!" brüllte Tim. „Doch nicht dort!"

Jener, der Kessling hieß, machte einen komischen Sprung, schaltete das Ungetüm aus und zog es vom Beet.

Betretenheit lud die Stille auf.

Sauerlich rannte zum Tatort.

„Sind Sie des Teufels!" rief er. „Sie haben unsere schönsten Blumen geköpft."

„Aus Versehen", sagte Kessling. „Tut uns leid."

Hermann betrachtete den Rasen. „Nennen Sie das Mähen? Hier sieht's ja aus wie auf einer Schafweide."

„Das ist jetzt modern", erwiderte Kessling. Er hatte die Sonnenbrille abgenommen und blinzelte. „Den geschniegelten Golf-Platz-Schnitt will keiner mehr."

„Aber ich will ihn", ereiferte sich Hermann. „Und dazu Blumen mit Köpfen. Ich glaube, meine Herren, die Aufgabe überfordert Sie. Wir verzichten auf Ihre Dienste. Was bin ich schuldig?"

„Nichts", bockte Kessling. „Wir haben auch unseren Stolz."

Obrecht schwieg. Vielleicht kann der gar nicht sprechen, dachte Tim. Bis jetzt hat er nicht ein einziges Wort gesagt.

Alle sahen zu, wie das Duo um die Hausecke abschob. Mit dem Mäher gingen sie vorsichtig um – etwa wie mit einer Kiste Porzellan.

Tim ging ihnen ein Stück nach und sah, wie sie den Mäher an der Garage vorbei zur Straße trugen, wo ein alter Kombi wartete. Das Gerät wurde verladen. Die beiden fuhren ab.

„Es soll wohl nicht sein", sagte Hermann, als Tim zurückkam. „Kein Schnelldienst, kein Gärtner – und unser Mäher ist schon lange kaputt. Hiermit bestimme ich, daß ein hoher Ra-

sen kein Unglück ist. Das Gelingen einer Party hängt ab von der Güte des Weins, vom Kalten Büffet – und vor allem von den Leuten, die dabei aufeinander treffen. Der Rasen ist letztrangig."

Alle pflichteten ihm bei.

Zu Klößchens Mutter sagte Gaby: „Die Schnittblumen sollten da nicht einfach liegen bleiben. Ich mache einen Strauß, ja?"

„Gute Idee", nickte Erna.

Gaby begann, die Blumen aufzulesen. Plötzlich stutzte sie. „Seht mal! Die hat der eine verloren."

Sie schwenkte eine Sonnenbrille und kam zur Terrasse zurück.

Hermann nahm ihr die Brille ab.

„Ich habe die gleiche. Ist ein teures Stück.“

„Wenn sie mir paßt...“ meinte Klößchen.

„Selbstverständlich geben wir sie dem Mann zurück“, schnitt ihm sein Vater das Wort ab. „Erna, weißt du die Adresse?“

„Auf dem Zettel steht nur die Rufnummer. Ich sehe im Telefonbuch nach.“

Nach einer Minute kehrte sie zurück. „Kein Kessling. Aber Obrecht wohnt Schlachthaus-Straße 11. Du übernimmst das, Willi.“

„Wieso ich?“ plärrte Klößchen. „Ich muß noch den Grill putzen.“

„Ich fahre sowieso ins Internat zurück“, sagte Tim. „Mich umziehen für heute abend. Dabei kann ich das erledigen.“

20. Steaks und Kühberger Rachentritt

Der Nachmittag neigte sich, als Tim durch die Schlachthaus-Straße radelte. Nr. 11 war eine unansehnliche Bude.

Der Kombi des Schnelldienstes parkte in einer Hofeinfahrt daneben. Der Mäher stand noch auf der Ladefläche.

Daß die von ihrem Job leben, dachte Tim, kann ich mir nicht vorstellen. Wer seinen Garten liebt, verzichtet auf RMSD.

Er klingelte.

Die Frau, die zur Tür kam, war derb gebaut und übellaunig.

Tim grüßte. „Dies ist doch die Adresse vom Rasenmäher-Schnelldienst? Ja? Ich meine besonders den Herrn Obrecht, denn Kessling hatte seine Sonnenbrille noch auf der Nase – beim Abflug, wenn ich mich recht entsinne. Demzufolge gehört dieses Nasenfahrrad Herrn Obrecht. Bitte!“

Er gab ihr die Brille.

Die Frau hatte zwischenzeitlich dreimal genickt.

Tim stellte lauschend die Ohren auf.

Denn in diesem Moment wurde drinnen im Haus auf einem Klavier geklimpert. Alles hätte er hier vermutet – nur das nicht.

Ein Klavier in der Bude – bei diesen Leuten? Das war ja, als melde sich ein Nilpferd an zum Ballett-Unterricht.

Ping-ping-ping Piiiing-piiiing. Und dasselbe noch mal.

Mozarts Ururur-Enkel saß da nicht am Piano. Immerhin – es klang wie ein Akkord. Aber der letzte Ton – ein einfaches C aus der C-Dur-Tonleiter war total verstimmt. Fast schon verschnupft. Vielleicht hatte er Sommer-Grippe.

Tim grinste.

Die Miene der Frau blieb abweisend.

Sie hatte die Brille entgegengenommen und schloß ohne ein „Danke!“ die Tür.

„Gern geschehen!“ rief er. „Ich bin nämlich vom Brillen-Zusteller-Schnelldienst.“

Durch die geschlossene Tür hörte er, wie die Tonfolge immer wieder geklimpert wurde.

Aber das war weder ein Festival noch ein kulturelles Ereignis, deshalb rutschte er sitzlings auf den Sattel und preschte zum Internat zurück.

Ping-ping-ping-piiiing-piiiing – das alberne Geklimper ging ihm nicht aus dem Ohr.

*

Wahnsinn – wie gut alles klappte!

Ein blauer Abendhimmel, samtig und hoch, spannte sich über die Stadt. Glühwürmchen schwirrten. Das hohe Gras störte gar nicht. Lampions, Fackeln – in den Boden gesteckt – und Gartenlaternen brannten. Ein Auftrieb von etwa 50 Gästen ließ es sich wohl sein am Kalten Büffet.

Karl verwaltete den Getränkeausschank, zapfte Bier aus einem riesigen Faß und öffnete Weinflaschen. Ein Mädchen vom Party-Service half ihm. Zwei andere gingen Erna zur Hand. Gaby hatte eine weiße Schürze umgebunden und bediente am Büffet. Ab und zu lächelte sie zu Tim herüber.

Er und Klößchen schufteten am Grill.

Klößchen bestand auf die Anrede ‚Grillmeister', während es Tim völlig wurscht war, als was er hier galt.

Immerhin hatten sie alle Hände voll zu tun – mit Steaks, Bratwürsten, Schaschlik, Putenkeulen, Hühnerbeinen, Bouletten, Frikadellen, Fleischpflanzerln und Grilltomaten.

Der Andrang bei den beiden war gewaltig.

„Die greifen zu", flüsterte Klößchen seinem Freund zu, „als wäre es Schokolade."

Erstaunlich! dachte Tim. Sind alles schwerreiche Leute – wohlgenährt, die meisten überernährt. Aber sie fressen, als wäre ab morgen Hungersnot angesagt.

Ein beleibter Herr streckte Klößchen seinen Teller hin.

„Steak, Grillmeister!"

„Sie, Herr Doktor", meinte Klößchen, „kriegen eins mit Fettrand. Die teile ich zu."

Der Herr Doktor lachte. „Hoffentlich verträgt das meine Galle.“

„Wenn Sie ihr nichts sagen, merkt sie gar nichts. Einfach überrumpeln!“

Tim bestrich Steaks mit Senf. Über den Grill hinweg ermahnte er die Gäste: „Und nicht vergessen: Die Knochen werden hier abgegeben. Wir sammeln für Oskar.“

Als der Andrang für einen Moment nachließ, meinte Klößchen: „Die Filetspitzen – das beste Fleisch – habe ich für uns reserviert. Davon gebe ich nichts raus.“

Tim rüttelte an dem Papiersack, der die Holzkohle enthielt.

„Ich glaube, Willi, die reicht nicht. Und der Senf ist fast alle.“

„Im Keller haben wir von allem genug.“

Klößchen kaute unentwegt.

Auch Tim gönnte sich jetzt einen Haps. Er wählte eine Boulette aus – und zwar die dunkelste. Sie war eindeutig verbrannt.

Während er hart zubeißen mußte, nahm er das Party-Bild auf.

Die Gäste saßen an der langen, L-förmigen Tafel. Alle schmausten. Das Gesumm der Stimmen und Lachen füllte die Luft. Dezente Musik rieselte aus den Stereo-Boxen.

Hermann Sauerlich und ein schmucker Mensch von etwa vierzig Jahren saßen nicht an der Tafel, sondern schritten auf dem Rasen umher. Offensichtlich führten sie ein äußerst bedeutsames Gespräch. Jeder hielt sein Weinglas in der angewinkelten Hand.

Als sie in die Nähe kamen, schnappte Tim einen Teil der Unterhaltung auf.

„Der Wein ist gut“, meinte Sauerlich – und lutschte am Glasrand. „Aber nichts gegen mein Spitzengewächs, den Kühberger Rachentritt. Jahrgang 79, staubig-trocken, dennoch wie Honigtau auf der Zunge.“

„Hört sich gut an. Wo kriegt man den?“

„Den gibt’s nicht mehr, mein lieber Felix. Aber ich habe

noch neun Flaschen." Hermann lachte auf. „Was soll's! Ich hole eine. Die trinken nur wir beide. Das ist was für Connaisseurs (*Kenner*)." Indem er den Jungs mit dem Finger drohte, fügte er hinzu: „Ihr habt nichts gehört."

„Keine Silbe, Papa!" rief Klößchen. „Wir Männer müssen doch zusammenhalten."

Felix lachte. Hermann klopfte ihm auf die Schulter und ging dann eilig ins Haus. Zwar lief er seiner Frau über den Weg, die ihm mahnend was zuflüsterte. Doch das focht ihn nicht an.

Kühberger Rachentritt! dachte Tim. Naja!

Er malmte weiter auf seiner steinharten Boulette herum.

„Unsere Glut geht bald aus", meinte Klößchen. „Und kein Senf ist auch da. Ich meine, nicht da. Du weißt schon."

Tim säuberte sich die Finger an seinem Handtuch, rückte seine Grill-Schürze zurecht und trabte zum Haus.

Bei Gaby am Büffet blieb er einen Moment stehen. Aufmerksam sah er sie an.

„Dein Pony ist sehr kurz. Vorhin noch geschnitten?"

„Klar."

„Damit er nicht in die Salate hängt?"

„Ph! So lang ist er nicht mal im Hochwinter. Möchtest du einen Salat? Hier habe ich einen, der schmeckt überhaupt nicht."

„Danke, liebste Pfote. Ich sitze ja selbst an der Quelle. Klößchen brutzelt nachher noch für uns vier."

Er bemerkte, daß Karl ihm zuwinkte. Wie sich herausstellte, hatte sein Freund Schwierigkeiten mit einem besonders festsitzenden Korken.

Selbst Tim mußte sich anstrengen, um den Weinflaschenhals von diesem widerspenstigen Pfropf zu befreien.

Dann endlich lief er ins Haus. Im Keller wollte er sich mit Holzkohle und Senf eindecken. Doch dazu sollte es nicht kommen.

21. Drei Maskierte im Keller

Lächelnd stieg Hermann Sauerlich die Kellertreppe hinab.

Kühberger Rachentritt! Ein himmlischer Wohlgeschmack – er spürte ihn bereits auf der Zunge.

Unten im Keller brannte Licht. Das sollte so sein. Es war damit zu rechnen, daß bei der einen oder anderen Sache Nachschub gebraucht wurde. Sicherlich würde der Sekt nicht reichen und...

Nanu!

Ein kühler Luftstrom traf ihn. War da etwa ein Fenster geöffnet? Etwa das, durch welches der Heizöllieferant immer den Einfüllschlauch hängte. Ach so! Das sollte ja offenbleiben, wie Erna verfügt hatte. Wegen der Luftzirkulation (*Umlauf*). Damit die Wände hier unten trocken blieben.

Übermütig wie ein Junge hopste Hermann die letzte Stufe hinunter – und bog um die Ecke.

Der Schreck fuhr ihm durch sämtliche Knochen, zuckte sogar in die Zähne und stellte die Haarspitzen auf.

Das... das konnte doch nicht wahr sein.

„Ganz ruhig, Mann! Ganz ruhig!" befahl ihm der Maskierte. Gleichzeitig drückte er Hermann die Mündung einer großkalibrigen Pistole an den Kopf. „Ganz ruhig, dann passiert Ihnen nichts."

Sie waren zu dritt. Alle hatten Pistolen. Jeder Kopf steckte unter einer wollnen Sturmhaube, die nur einen schmalen Augenschlitz frei ließ.

„Sie... sind auf der falschen Party", sagte Hermann. Er hatte den ersten Schreck überwunden. „Fasching feiern wir erst im Februar."

„*Sie*", sagte der Kerl, der ihn mit der Waffe bedrohte, „sind auf der falschen Party. Die richtige findet bei uns statt. Gemeinsam klettern wir jetzt durch das Fenster dort raus. Seien Sie vernünftig! Spielen Sie nicht den Helden. Wir wollen Lösegeld. Gegen Sie persönlich haben wir nichts. Los, vorwärts!"

Hermann wurde gepackt und zum Fenster gestoßen. Er wußte nicht, wie ihm geschah.

Trotzdem stellte er fest: Der Sprecher schien der Anführer zu sein. Der zweite trug ein helles T-Shirt und war auffallend dünn. Der dritte wirkte eckig – figürlich und in seinen Bewegungen.

Die Party! dachte Hermann entsetzt. Himmel, die kann doch nicht ohne mich weitergehen!

*

Tim ahnte nichts. Wie sollte er auch? Deshalb war er keineswegs leise. Aber seine Turnschuhe verursachten kein Geräusch auf den Steinstufen. Vor sich hin zu pfeifen, war nicht seine Art. Also gelangte er nahezu lautlos an den Fuß der Treppe.

Verblüfft prallte er hinter die Mauerecke zurück.

Dann riskierte er ein Auge – und sah gerade noch, wie ein Maskierter im Jogginganzug durchs Kellerfenster hinausklet-

terte. Das ging leicht. Die Hilfe einer Hand genügte. In der anderen hielt der Kerl eine große Pistole.

Meine Steinlaus tanzt Boogie! Tim klappte den Mund zu. Einbrecher? Maskiert und bewaffnet! Wo war Klößchens Vater?

Er hörte murmelnde Stimmen. Das war draußen. Er begriff. Aber der Gedanke war ungeheuerlich. Von der Richtigkeit mußte er sich erst mal überzeugen.

Gewandt und blitzschnell wie Tarzan, der Urwaldkönig, kletterte er ins Freie.

Hier war alles dunkel, zumindest nicht so hell wie der festlich erleuchtete Garten.

Dennoch – Tims Augen gewöhnten sich sofort an das andere Licht; und er sah sie, die... Entführer. Ja, um das handelte es sich: um Entführung und nichts anderes.

Drei Maskierte, die Waffen trugen, zerrten Klößchens Vater zu einem alten Pritschenwagen, der außerhalb des Laternenlichts parkte. Unter den Nobelfahrzeugen der höchsten Preisklasse, mit denen die Party-Gäste die Straße vollklotzten, nahm sich die Ganoven-Karre seltsam aus.

Jetzt hatten die Kidnapper mit ihrem Opfer das Fahrzeug erreicht. Sauerlich wurde ins Führerhaus gestoßen. Zwei Maskierte stiegen links ein, einer benutzte die rechte Tür.

Höllisch eng mußte es jetzt dort drin sein.

Der Wagen fuhr ab.

Im Sprint riß sich Tim die hinderliche Schürze herunter. Daß er ein blütenweißes Hemd trug, verfluchte er. Es fiel auf in der Dunkelheit. Doch das war nicht zu ändern.

Der Wagen wurde schneller.

Mit einem Hechtsprung warf sich Tim auf die Ladefläche. Er prallte hart auf. Bretter klapperten. Flach blieb er liegen.

Verdammt! Das Führerhaus hatte ein Rückfenster.

Hoffentlich geht's gut, dachte Tim.

*

Krätzkow fuhr. Er war jener, den Hermann für den Anführer hielt.

Die drei hatten untereinander vereinbart, daß nur er und Obrecht redeten. Ritchie Kessling mußte stumm bleiben. Sauerlich kannte seine Stimme. Und möglicherweise hätte er sie wiedererkannt – trotz der wollnen Sturmhaube, durch die jedes Wort dumpfer klingt.

„Leute!" knurrte Krätzkow. „Wir haben einen blinden Passagier. Nicht umdrehen! Der Typ ist auf die Ladefläche gesprungen. Hab's im Rückspiegel gesehen. Scheint ein gewandter Bursche zu sein."

„Unerhört!" schnarrte Obrecht.

Kessling machte eine überraschte Bewegung.

„Sein weißes Hemd leuchtet wie eine Fackel", fuhr Krätzkow fort. „Ich düse zu unserem Parkplatz. Dort kassieren wir ihn. Sobald ich halte..." Er verstummte.

„Was ist?" fragte Obrecht.

Krätzkows Blick hing am Rückspiegel. Das konnte er sich erlauben. Die Straße, durch die sie stadtauswärts fuhren, war leer.

Ein Stromstoß schien sein Blut zu peitschen. Denn in diesem Moment hatte er Tim erkannt. Das war doch... Ja, es war dieser verfluchte Bengel! Gehörte der zu Sauerlichs?

Klar doch! dachte Krätzkow. Er und der Fettmops sind Freunde. Peter Carsten, der Tim genannt wird, und Willi. Aha! Soso! Also muß ich das Maul halten. Meine Stimme ist markant – und der Bengel schlau.

„Was ist, Tiger?" fragte Obrecht zum zweitenmal.

„Sobald ich halte", sagte Krätzkow, „läufst du, Löwe", gemeint war Obrecht, „auf deiner Seite nach hinten. Ich mach's hier drüben. Du sagst ihm auch, daß er cool bleiben soll, weil er sonst eine aufs Fell kriegt. *Du* sagst es. Kapiert?"

„Kapiert", nickte Obrecht, der Löwe.

„Du, Panther", wandte sich Krätzkow an Kessling, „bewachst Sauerlich."

„Ich fühle mich wie im Urwald“, sagte Hermann. „Vermutlich sind Tiger, Löwe und Panther nicht Ihre echten Namen.“

„Selbstverständlich nicht“, meinte Krätzkow. „Wir heißen Hase, Huhn und Igel. Aber das ist uns zu zahm.“

22. Die gleichen Töne

Ein einsamer Parkplatz, dunkel und leer.

Als der Wagen hielt, kroch Tim eilig nach hinten.

Er hörte, wie die Türen geöffnet wurden, sprang auf den Boden und – erstarrte.

Die harte Mündung einer Pistole bohrte sich zwischen seine Schulterblätter. Im selben Moment kam ein zweiter Kidnapper hinten um den Wagen herum.

„Hier endet die Fahrt, mein Kleiner", kläffte er.

Tim biß sich auf die Lippen. Also hatten sie ihn bemerkt. Und gegen zwei Pistolen blieb ihm keine Chance – da nützt auch bestes Judo nichts.

„Mit einem dunklen Hemd hättest du mehr Glück gehabt", der Kidnapper lachte. Er war ein eckiger Typ und bewegte sich hölzern. „Wie heißt du?"

„Dschingis Khan", sagte Tim. „Sie dürfen Dschingi zu mir sagen."

„So schlau wie der bist du nicht", sagte der Eckige. „Hättest du die Bullen verständigt, sähe es jetzt besser für euch aus."

Tim grinste. „Die Polizei ist verständigt."

„Ist sie nicht. Dafür ging alles viel zu schnell." Er wandte sich an seinen Komplicen, der hinter Tim stand, immer noch mit der Pistole im Anschlag. „Wir nehmen ihn mit. Zwei Geiseln sind besser als eine."

Gegenwehr war sinnlos. Tim – und auch Sauerlich – wurden die Hände gefesselt. Damit nicht genug – man verband ihnen die Augen mit dunklem Tuch.

Nur der Eckige redet, dachte Tim. Und die beiden andern knurren zustimmend. Entweder sind sie wortkarg – oder Ausländer.

Der Pritschenwagen war offensichtlich gestohlen. Er wurde zurückgelassen. In der Nähe parkte ein anderes Fahrzeug. Es war zweitürig und bot genügend Platz für fünf Insassen.

Tim und Hermann wurden in den Fond gestopft.

„Tim, um Himmels willen! Du hättest das nicht tun dürfen“, murmelte Sauerlich.

„Tut mir leid, Herr Sauerlich, daß es schiefging.“

Tim versuchte, sich anhand der Geräusche zu orientieren. Aber das brachte nicht viel. Der Wagen fuhr durch stille Straßen, hielt schließlich irgendwo; und die beiden Geiseln wurden ins Freie gezerrt.

Tim spürte, daß er in ein Haus geführt wurde. Die Luft roch abgestanden. Es ging eine Treppe hinunter. Er stolperte über eine Stufe. Eine Hand hielt ihn an der Schulter fest.

Augenbinde und Handfessel wurden ihm abgenommen.

Blinzelnd sah er sich um. Es war ein Kellerraum mit rohen

Mauern. Keine Fenster. Lediglich eine kleine Entlüftungsklappe befand sich oben in der Wand. Die schwere Stahlblechtür besaß ein Sicherheitsschloß.

Klößchens Vater stand neben ihm und massierte seine schmerzenden Handgelenke.

Wortlos zogen sich die drei Kidnapper zurück. Krachend fiel die Tür ins Schloß. Der Schlüssel wurde gedreht.

„Man glaubt es nicht", Tim schüttelte den Kopf. „Ich wollte nur Senf und Holzkohle holen."

„Und ich den Kühberger Rachentritt. Die haben mich entführt, um Lösegeld zu erpressen. Entführt aus dem eigenen Haus."

„Jetzt wird's eine teure Party."

„Und das Schlimmste ist", Sauerlich lachte: „Wir verpassen die Mitternachtssuppe. Ist was Chinesisches und heißt Ping-Ting-Wing-King. Oder so ähnlich."

Tim begann, die Wände abzuklopfen, stampfte auf den Fußboden und untersuchte die Angeln der Tür.

„Da geht nichts – ohne Brecheisen. Immerhin – dieses Gefängnis ist gemütlicher als das Verlies bei Krätzkow."

Sauerlich nickte. „Willi hat alles erzählt. Was ihr da wieder angestellt habt! Aber es ging ja noch gut. So rosig sieht's hier nicht aus, wie?"

Tim wollte antworten, verschluckte statt dessen das erste Wort und horchte.

Tatsächlich! Irgendwo im Haus wurde auf einem Klavier gespielt. Nur ganz schwach drangen die Töne durch Mauern und Wände hierher.

Ping-ping-ping-piiiing-piiiing! hörte er. Unwillkürlich schnellte er hoch auf die Zehenspitzen.

„Auch das noch!" meinte Sauerlich. „Ein Anfänger."

„Mein Hamster bohnert!" flüsterte Tim. „Ich schnall ab, Herr Sauerlich! Das sind die Töne! Auf meine Ohren kann ich mich verlassen."

„Was meinst du? Welche Töne?"

„Dieses Geklimper habe ich schon mal gehört. Heute! Als ich die Sonnenbrille zu Obrecht brachte. Seine Frau – oder wer das war – hat sie entgegengenommen. Obrecht – oder Kessling, was auch möglich ist – saß am Klavier und hat genauso geklimpert. Genauso! Das bedeutet: Wir sind in seinem Haus."

„Bist du sicher?" staunte Sauerlich.

„Absolut. Und wenn ich's mir genau überlege: Der Dünne und der Eckige – figürlich könnten das Obrecht und Kessling sein. Auffällig ist doch, daß zwei der Ganoven kein Wort von sich geben. Nur der Eckige sülzt. Bei dem tippe ich auf Obrecht. Und dessen Stimme kennen wir nicht. Denn beim Rasenmähen vorhin hat er den Mund nicht aufgekriegt."

„Tim! Wenn die Ganoven merken, daß wir sie durchschaut haben, kommen wir hier lebend nicht raus. Und..."

Er stockte.

Die Tür wurde aufgeschlossen.

Das Trio kam herein. Jeder Kidnapper hielt seine Pistole in der Hand.

„Schon eingelebt?" fragte der Eckige.

„Das fällt nicht schwer", meinte Sauerlich, „bei dem Luxus."

„Es freut uns, daß Sie sich wohl fühlen. Es soll an nichts mangeln. Nachher gibt's Wasser und Brot. Trotzdem möchten wir – auch in Ihrem Interesse – den Aufenthalt nicht unnötig ausdehnen."

„Bedauerlich", sagte Klößchens Vater.

„Ihrer lieben Frau müssen wir nun leider eine schlaflose Nacht bereiten. Andererseits macht das mürbe. Sie wird bestimmt spuren, wenn sie nachher Bescheid erhält. Sie, Sauerlich, werden anrufen. Ihre Frau soll die Bullen aus dem Spiel lassen – und eine Million als Lösegeld bereithalten."

„Eine Million?" fragte Hermann entsetzt. „Wofür halten Sie mich? Ich stelle Schokolade her, keine Banknoten."

„Eine Million ist ein Freundschaftspreis. Immerhin seid ihr zu zweit."

„Ich bin überhaupt nichts wert", sagte Tim. „Mich sollten Sie als Zugabe wegschenken – äh – freilassen, meine ich."

Sauerlich lächelte bitter. „Wirklich, Herr Obergangster. Eine Million ist zuviel. Ich bin ja bereit, für meine und Tims Freiheit zu bezahlen. Aber alles muß im Rahmen bleiben. Ich kann Ihnen versichern: Die Geschäftslage für Schokoladen-Fabrikanten ist zur Zeit katastrophal. Die Leute sind gesundheitsbewußt. Sie wissen: Schokolade macht dick. Jedenfalls wenn man zuviel davon ißt. Und man bekommt schlechte Zähne. Es sei denn, sie werden sofort nach dem Naschen geputzt. Aber das tun die wenigsten. Deshalb steuert unsereins auf den Ruin zu. Und die Gemüsehändler reiben sich die Hände."

„Sie tun mir in tiefster Seele leid", meinte der Eckige. „Wieviel können Sie denn zahlen?"

„Eigentlich gar nichts."

„Wenn Sie uns verarschen wollen, Sauerlich, wird's hier ungemütlich. Wieviel können Sie zahlen?"

„50000."

„Ihre Freiheit kostet 500000. Und für den Jungen verlangen wir 50000. Klar?"

„Geht's nicht mit 500000 für uns beide", erwiderte Hermann. „Das läßt sich auch viel schneller zählen."

Er hat ganz schön Mut, dachte Tim. Kleinkriegen läßt er sich nicht. In so einem Unternehmer steckt eben Courage.

Die Maskierten starrten Sauerlich an.

Waren sie wütend? Oder belustigt?

Ohne Erwiderung stiefelten sie hinaus, und die Tür wurde abgeschlossen.

„Nur der eine redet", flüsterte Tim. „Immer nur der eine."

„Es paßt zu deinem Verdacht."

„Ich wußte ja gar nicht, Herr Sauerlich, daß Ihre Geschäfte so schlecht gehen."

„Keine Spur. Die Menschen verschlingen meine Schokolade. Die Geschäfte gehen hervorragend. Aber ich kämpfe um jede Mark."

23. Rätselhaftes Verschwinden

Es war entsetzlich gewesen.

Erna und Gaby merkten zuerst, daß die beiden fehlten.

Hatten sich Hermann und Tim im Keller verirrt?

Erna und Gaby suchten. Karl und Klößchen kamen hinzu. Weder der Hausherr noch der Anführer der TKKG-Bande wurden entdeckt. Ein Rätsel.

Mutmaßungen führten zu nichts.

Karl stellte fest, daß Tims Rad noch immer an der Garage lehnte. Und Sauerlichs Jaguar stand in seinen vier Wänden.

Machten die beiden einen Spaziergang?

Unmöglich! Doch nicht während der Party.

„Vielleicht sind sie zum Italiener in die Pizzeria gegangen, um was Vernünftiges zu essen“, meinte Klößchen.

Aber sein Witz kam nicht an.

Eine Stunde später hatte sich das rätselhafte Verschwinden unter den Gästen herumgesprochen, und alle beteiligten sich an der Suche.

Von Garten-Party konnte keine Rede mehr sein.

Ein Gast nach dem andern kam zu der Überzeugung, daß es am sinnvollsten sei, sich – samt mitgebrachtem Partner – in den Wagen zu setzen und „die Stadt abzuklappern nach den beiden Rumtreibern“.

Im Klartext hieß das: Jeder fuhr auf kürzestem Wege nach Hause, schimpfte noch ein bißchen über Hermann Sauerlich und den ausgeflippten Jungen – und ging dann zur Ruhe, nämlich ins Bett: mit überfülltem Magen und beduseltem Kopf.

Nur Erna, Gaby, Karl und Klößchen blieben die ganze Nacht auf und wachten am Telefon. Ihre Sorge wuchs.

„Sie wissen ja“, sagte Gaby schließlich zu Erna, „mein Papi hat Nachtdienst. Weswegen ja meine Eltern auch absagen mußten – zu Ihrer lieben Einladung. Ich meine, wir sollten jetzt im Präsidium anrufen.“

„Du hast recht.“

Erna griff zum Hörer.

Im selben Moment schrillte der Apparat.

*

Viel Zeit war vergangen, wie Tim mit einem Blick auf die Armbanduhr feststellte. Die vierte Morgenstunde brach an.

Auf der großen Matratze, die in der Ecke lag, hatten beide Platz gefunden – und ein bißchen geschlafen.

Sauerlich schnarchte weniger als sein Sohn Willi, wie Tim feststellen konnte.

Jetzt weckte beide das Quietschen der Tür.

Die drei Maskierten kamen herein. Zwei hatten ihre Pistolen, der Wortführer – den Tim und Hermann für Obrecht hielten – trug ein Telefon. Es war an langer Schnur angeschlossen, also offensichtlich funktionsfähig.

„Wo bleibt unser Frühstück?“ fragte Sauerlich kess. „Ich nehme Orangensaft, Kaffee und zwei Eier im Glas.“

Tim grinste. „Für mich Porridge (*Haferbrei*) und Tee.“

Der Eckige stellte das Telefon neben der Matratze auf den Boden, zog von draußen etwas Schnur nach und warf dann einen beschriebenen Zettel neben den Apparat.

„Sie rufen jetzt Ihre Frau an, Sauerlich. Sie sagen, was los ist und daß sie das Geld beschaffen soll. Eine halbe Million. Hier haben wir genaue Anweisungen aufgeschrieben für die Geldübergabe. Lesen Sie's ihr vor. Sie soll sich genau daran halten. Und noch etwas: Wenn wir einen Bullen in der Nähe entdekken, geht die Sache schlecht für euch aus.“

„Wenn Sie das Geld haben“, fragte Sauerlich, „lassen Sie uns frei?“

„Mit einer Träne im Knopfloch. Aber Sie sehen ja: Auf Dauergäste sind wir nicht eingerichtet.“

„Wir kommen trotzdem wieder“, meinte Tim. „Mit unseren Freunden von der Kripo. *Die* sind eingerichtet auf Dauergäste.“

„Du machst es uns schwer, dich gern zu haben, Kleiner."

„Aber Sie mögen mich trotzdem, ja? Sonst hätte ich keine gute Erinnerung an dieses nette Erlebnis."

Wenn ich nur die Gesichter sähe! dachte Tim. Man weiß nicht, was in ihnen vorgeht, den Typen.

Die Sehschlitze waren sehr schmal. Nicht mal die Augenfarbe ließ sich erkennen.

Sauerlich hatte den Hörer abgenommen und wählte.

Seine Frau saß offensichtlich am Telefon. Denn sofort wurde abgenommen.

„Erna, mein Liebes!" sagte Hermann. „Ich bin's. Du mußt heute leider allein frühstücken. Tim und ich – wir befinden uns nämlich in einer außergewöhnlichen Situation. Man hat uns gekidnappt. Erna! Bitte, jetzt keine Tränen! Ich muß dir ein paar Dinge erklären – damit man uns freiläßt. Am besten, du machst dir Notizen..."

*

Erna preßte den Hörer ans Ohr. Sie wiederholte die Anweisungen.

Gaby saß neben ihr, hatte Block und Bleistift, schrieb alles mit.

Klößchen gab knurrende Laute von sich. Er war empört. Besorgt war er nicht so sehr.

Karl stieß ihn mehrmals an. Denn das Knurren störte erheblich.

„Ja, Hermann", sagte Erna schließlich. Ihre Stimme bebte. „Ich habe alles notiert und werde mich danach richten. Wir..."

Sie sprach nicht weiter. Die Verbindung war unterbrochen.

„Ahnte ich's doch", sagte Klößchen in die Stille. „Es konnte nur etwas in der Größenordnung sein. Kidnapping – und gleich alle beide. Nicht zu fassen. Die Gangster müssen erheblich in der Überzahl sein oder bewaffnet bis an die Zähne. Sonst hätte Tim..."

„Halt mal die Luft an!“ wurde er von Karl unterbrochen. „Wir müssen das Wichtigste zusammenfassen: Heute abend, 23 Uhr, Geldübergabe auf der Straße zwischen Igeldorf und Butzenhausen. Die Strecke ist, wenn ich mich recht entsinne, drei Kilometer lang. Sie, Frau Sauerlich, sollen dort entlang fahren. Das Geld steckt in einer gelben Leinentasche. Langsam sollen Sie fahren, Frau Sauerlich, denn an irgendeiner Stelle wird Ihnen der Kidnapper mit der Taschenlampe ein Lichtsignal geben. Sie werfen die Tasche aus dem Wagen und fahren weiter. Ende der Vorstellung.“

„O Gott!“ flüsterte Erna. „Habe ich eine Angst!“

„Aber Mama!“ Klößchen tätschelte ihr den Arm. „Du tust es doch für Papa und Tim.“

„Ich darf die Polizei nicht einschalten.“ Erna reckte sich. „Aber deinem Vater, Gaby, geben wir selbstverständlich Bescheid. Doch ich muß ihn bitten, vorläufig nichts zu unternehmen. Sondern erst dann, wenn die beiden zurück sind.“

„Daß sich die Polizei daran hält“, nickte Gaby, „ist selbstverständlich.“

Erna nahm den Hörer ans Ohr, und Gaby diktierte ihr die Durchwahlnummer zu ihrem Vater im Präsidium.

24. Nachts an der Straße

Gegen Mittag stand der Plan fest. In wessen Kopf er geboren war, konnte keiner mehr sagen. Sowohl Karl als auch Gaby und Klößchen hatten dazu beigetragen. Die Polizei hielt vorläufig still. Aber die drei Freunde wollten nicht untätig bleiben.

Der Plan, zu dem sich 75 Prozent der TKKG-Bande entschloß, versprach Erfolg. Aber allein würden die drei das nicht schaffen. Sie mußten Mitschüler ins Vertrauen ziehen. Natürlich nur solche, die den Mund halten konnten.

Am Abend dieses Sonntags war es dann soweit: die Strecke von Igeldorf nach Butzenhausen – die Straße führte durch finsteren Wald – war gesichert.

In Abständen von etwa 300 Metern versteckten sich die Schüler: in Erdlöchern, Gebüschen, auf Bäumen, hinter Baumstümpfen, Ameisenhaufen, Schichtholzbänken und Dikkungsfichten.

Alle verhielten sich vorbildlich, nämlich kirchenmaus-still. Kaum daß sich einer bewegte. Und als Christian Zöpfl aus der 9a gegen 21.11 Uhr niesen mußte – weil er etwas an Heuschnupfen litt –, wickelte er sich blitzartig die Jacke um den Kopf und nieste erst dann. Niemand hörte was.

Selbstverständlich hatten auch Gaby, Karl und Klößchen ihre Posten bezogen. Klößchen bildete das Schlußlicht auf der linken Seite der Fahrbahn. Ein Stück hinter ihm verließ die Straße den Wald und führte zwischen die ersten Häuser von Butzenhausen.

Karl hatte nachmittags Sprechfunkgeräte besorgt, drei an der Zahl. Die TKKGler hatten Kontakt zueinander.

Es dunkelte rasch an diesem Abend. Der Himmel war dunstig. Im Wald verstummten die Vogelstimmen. Unsichtbar und in großer Höhe brummte ein Flugzeug.

Insgesamt 21 Augenpaare luchsten in die Dunkelheit. Ebensoviele Ohren strengten sich an. Christian Zöpfl unterdrückte sein Niesen, indem er die Luft anhielt.

Karl hockte ganz am Anfang der Strecke in einem ausgetrockneten Wasserloch.

Um 23.01. Uhr sah er den Jaguar der Familie Sauerlich.

Die Scheinwerfer waren abgeblendet. Langsam glitt der Wagen vorbei. Karl glaubte, Erna zu erkennen.

„Gaby! Achtung!“ sprach er leise in sein Walkie-Talkie (*Sprechfunkgerät*). „Der Jaguar passiert Kontrollpunkt A.“

Zwei Minuten später meldete Gaby über ihr Gerät: „Willi, hörst du mich! Wagen passiert Kontrollpunkt C. Und fährt langsam. Also hat deine Mutter die Tasche noch.“

Klößchen saß hinter einem Ameisenhaufen, hielt aber drei Meter Abstand. Er verfluchte sein Versteck. Mindestens ein Dutzend dieser kleinen Viecher hatten ihn gebissen. Dagegen half nur Schokolade. Er kaute. Das Walkie-Talkie hing an seinem Hals.

Gespannt blickte er die Straße entlang. Lichtstrahlen strichen durch die Bäume. Jetzt tauchte das Scheinwerferpaar in der Kurve auf. Seine liebe Mama kam – mit dem vielen Geld.

Sie fuhr immer noch langsam.

Da! Er sah das Aufblitzen der Taschenlampe. Und noch einmal – drüben auf der anderen Seite.

Der Wagen hielt beinahe, fuhr nur noch Schrittempo. Flog da nicht was Helles durch die Dunkelheit ins Gebüsch?

„Bei mir, bei mir ist er“, keuchte Klößchen in sein Gerät. „Ich sehe den Kidnapper. Er kommt.“

Der Jaguar beschleunigte und fuhr an ihm vorbei.

Mama ahnt nicht, daß wir hier lauern, dachte er – und zog den Kopf ein.

Wenige Schritte entfernt überquerte eine dunkle Gestalt die Straße. Klößchen sah, wie der Kerl die Geldtasche aufhob.

Daß ich ihn nur nicht aus den Augen verliere, dachte er – und machte sich sprungbereit. Verdammt! Warum hat der's plötzlich so eilig?

Der Kidnapper rannte die Straße entlang – in Richtung Butzenhausen.

Klößchen schnellte hoch. Auf kurzen Beinen machte er sich an die Verfolgung.

Er rannte, was die Waden hergaben. Aber der Kidnapper war schneller. Hatte er was gemerkt? Plötzlich war er verschwunden. Klößchen blieb stehen, spähte nach allen Seiten unter die Bäume und versuchte, die Dunkelheit mit den Augen zu durchdringen.

Als er hörte, wie der Motor ansprang, war es zu spät. Das mußte hinter der Kurve sein – schon außerhalb des Waldes. Klößchen wetzte los, sah aber nur noch die Rücklichter. Der Wagen entfernte sich. Der Abstand war schon zu groß, um den Fahrzeugtyp oder gar das Kennzeichen zu erkennen.

Wütend schleuderte Klößchen sein Sprechfunkgerät auf den Boden. Dann stampfte er auf – immer wieder, als wollte er sich unbedingt Plattfüße zulegen.

*

Offenbar war bei der Geldübergabe alles glattgegangen. Die Kidnapper wirkten zufrieden, wie Tim und Sauerlich feststellten.

In ihrem Kellerverlies hatten die beiden Entführten einen entnervend langweiligen Tag verbracht. Sie versuchten, das Nichtstun zu überbrücken, indem sie sich gegenseitig Rätsel aufgaben und Denkspiele machten.

Jetzt war es wieder Abend. Mit ihren Pistolen in den Händen traten die Kidnapper ein.

Der Eckige erklärte, sie hätten das Lösegeld erhalten. Und damit lasse sich der Abschied – leider – nicht mehr hinausschieben. Wieder wurden Tim und Sauerlich gefesselt. Auch die Augen verband man ihnen. Im selben Wagen, wie Tim am Motorgeräusch erkannte, trat man die Fahrt an.

Sie endete irgendwo in freier Natur, denn die Geräusche der Stadt blieben schon seit einer Weile zurück. Tim hörte Vogelstimmen und spürte den Nachtwind auf der Haut.

Minutenlang wurden sie über unebenen Boden geführt. Dann meinte der Eckige: „Hier setzen wir euch aus. Deine Fessel, Kleiner, werde ich etwas lockern. Du kannst dich selbst befreien. Bis nach Hause habt ihr's nicht weit."

Er fummelte an dem Strick rum, der Tims Hände auf dem Rücken zusammenhielt. Der Druck der Fessel ließ nach.

„Wo sind wir?" fragte Sauerlich.

„Im Stadtforst. Aber keine Sorge. Die letzten Wölfe und Bären wurden hier vor 150 Jahren erlegt."

Schritte entfernten sich. Ein Zweig zerbrach knackend. Tim zerrte an der Fessel. Sie saß immer noch fest. Es dauerte eine Weile, bis er den Strick abstreifen konnte. Er nahm die Augenbinde ab, band Sauerlich los und hielt dann seine Armbanduhr ins Mondlicht, das schräg durch die Bäume fiel. Es war nach Mitternacht.

„Obrecht wird sich wundern, Herr Sauerlich. Wenn wir nachher bei ihm auf der Matte stehen – wie versprochen."

Klößchens Vater lachte. „Überlaß das Herrn Glockner."

„Nee. Da will ich dabei sein. Und meine Freunde wollen selbstverständlich auch. So, ich glaube, hier müssen wir lang. Dort vorn ist die Straße."

Nach endloser Latscherei erreichten sie einen der Vororte. Sie fanden einen Taxi-Stand und ließen sich zur Villa Sauerlich bringen. Erna und Klößchen flippten aus vor Freude. Aufgrund der besonderen Umstände war Klößchen nicht ins Internat zurückgekehrt, sondern zu Hause geblieben. Sofort berichtete er von dem aufwendigen, aber leider erfolglosen Versuch, die Kidnapper bei der Geldübergabe zu entlarven.

Viersteins – und damit auch Karl – wurden telefonisch verständigt. Mit dem nächsten Anruf wurde Kommissar Glockner, der keinen Nachtdienst mehr hatte, aus dem Bett geholt.

Tim berichtete, erklärte seinen Verdacht – aufgrund des Klavier-Geklimpers – und wurde von Glockner gelobt.

„Ich besorge nur rasch den Durchsuchungsbefehl", erklärte der Kommissar, „dann greifen wir zu. Ja, ihr dürft dabei sein. Wir holen dich ab. Karl und Gaby bringe ich mit. Sie steht übrigens neben mir und will dich sprechen."

Was Tim und Gaby sich dann am Telefon sagten, war nicht für die Ohren anderer bestimmt. Deshalb hörte auch kein Dritter zu, weder hier im Hause Sauerlich noch bei den Glockners am anderen Ende der Leitung.

25. Kein Keller, kein Klavier

Jetzt hauen wir auf den Putz! freute sich Tim. Jetzt geht's diesen Typen an den Kragen.

Die Nacht wich. Es wurde bereits hell, als die beiden Polizeifahrzeuge in der Schlachthaus-Straße hielten. Im Hause Obrecht rührte sich nichts. Aber nachdem Kommissar Glockner fünfmal geklingelt hatte, wurde geöffnet.

Pauline Obrecht blickte verschlafen und hatte eine Portion roter Wut im Gesicht.

„Polizei!“ sagte Glockner. „Aber wir kennen uns ja schon. Wo ist Ihr Mann?“

„Heinz!“ rief sie ins Haus.

Obrecht schlurfte heran, in einen lappigen Morgenmantel gehüllt. Als er Glockner, drei Uniformierte und die TKKG-Bande erkannte, wurde sein fahles Gesicht noch fahler.

Er begann zu husten. Heiser röchelte er dann: „Entschuldigung. Habe eine Halsentzündung.“

Tim lachte. „Sie haben wohl Angst, daß ich Sie an der Stimme erkenne.“

„Was? Worum geht's denn?“

„Sie stehen im Verdacht, an einem erpresserischen Menschenraub beteiligt zu sein“, erklärte Glockner – und zeigte ihm den Durchsuchungsbefehl. „Zeigen Sie uns Ihren Keller. Außerdem möchte ich das Klavier sehen.“

„Was?“ Obrecht riß die Augen auf. „Sie machen wohl Witze, Herr Polizeipräsident. Dieses Haus hat keinen Keller. Wir haben eine Speisekammer und hinterm Klo einen Abstellraum, wo mein Kollege Kessling schläft. Aber keinen Keller. Und ein Klavier? Was sollten wir damit? Meine Frau kann nicht spielen – ich kann nicht spielen. Und Arthur Rubinstein (*weltberühmter polnischer Pianist*) besucht uns nicht mehr, seit er tot ist.“

Glockner und Tim tauschten einen Blick. Beide waren verblüfft. Wieso fühlte sich Obrecht so sicher?

Eine Minute später war die Blamage perfekt.

Es gab tatsächlich keinen Keller. Und in dem mit Versandhausmöbeln ausgestatteten Wohnraum war kein Klavier.

„Na“, feixte Obrecht, „ist wohl nichts mit dem erpresserischen Menschenraub?“

Kessling war wach geworden und stand schlaftrunken neben ihm. Pauline blickte mürrisch.

Tim wandte sich an Glockner. „Ich weiß genau: Als ich hier die Sonnenbrille abgab, spielte irgendwer im Hause Klavier. Das war live. Kein Radio. An dem Klavier war ein Ton verstimmt. Der quietschte wie ein Reifen bei Vollbremsung.“

„Spinner!“ meinte Obrecht verächtlich.

Tim blickte umher. Und die Erkenntnis durchzuckte ihn wie ein Blitzstrahl.

Er trat zur Wand, wo die Obrechts einen schmalen Schrank hingestellt hatten.

„Herr Glockner! Sehen Sie mal! Die Tapete! Hier hat offensichtlich das Klavier gestanden – und zwar jahrelang. Die Tapete ist hell und zeichnet den Umriß genau ab. An den freien Stellen ist sie stark nachgedunkelt – man kann auch sagen: verdreckt. Kein Zweifel: Hier stand das Klavier. Jedenfalls bis zum späten Samstagnachmittag. Dann wurde es offenbar irgendwohin gebracht. Und zwar in jenes Haus, wo Herr Sauerlich und ich im Keller eingekerkert waren. Dort hat leichtsinnigerweise einer der Kidnapper geklimpert. Vielleicht der dritte – denn Obrecht und Kessling sehen nicht sehr musikalisch aus. Daß sie zu dem Trio gehören, steht für mich fest. Figürlich passen sie genau. Und ich erkenne Obrechts Stimme wieder. Aber wer ist der dritte? Bei ihm steht jetzt das Klavier. Und er hat auch das Lösegeld. Denn hier ist es ja nicht.“

Glockner starrte die Beschuldigten an. Dann drehte er langsam den Kopf zur Seite. Paulines Blick war ihm aufgefallen. Zwar blinzelte sie jetzt hastig – und musterte ihre Hände, als sehe sie die zum ersten Mal. Doch ihre Besorgnis galt zweifellos dem zerkratzten Schreibtisch dort hinten in der Ecke.

Glockner trat hinzu. Fernsehzeitschriften, billige Journale und Rechnungen lagen wirr durcheinander.

Als er ein doppelt gefaltetes Blatt öffnete, sah er die hingekritzelten Zeilen: *Hiermit schulde ich Heinz Obrecht 1500,– DM für ein gebrauchtes Klavier der Marke Schimmelgroschen. Der Betrag wird von meinem Anteil einer noch zu erwartenden Zahlung einbehalten. Alfons Krätzkow*

Darunter stand das Datum vom Samstag.

Glockner schluckte. Für einen Moment traute er seinen Augen nicht. Er las zweimal. Gab's das? Offenbar. Die fühlten sich sicher. Und wenn es um Geld und Sachwerte ging, waren sie offenbar untereinander pingelig genau.

Krätzkow! Also der! Langgesucht und ständiges Ärgernis. Hier hing er mit drin. Hier tauchte er auf.

„Herr Glockner, was ist denn?" Tim machte einen Schritt auf ihn zu.

Wortlos hielt ihm der Kommissar den Schuldschein hin.

*

Einer der Uniformierten bewachte das verhaftete Ganovengesindel – als da waren Obrecht, dessen Frau und Kessling.

Alle andern fuhren zu der angegebenen Adresse. Denn Obrecht hatte ‚gesungen'. Er wußte, daß jetzt mit Lüge und Schweigen nichts mehr ging. Außerdem hätte er's seelisch nicht ertragen, daß Krätzkow auf freiem Fuß blieb, während er – Obrecht – für lange Zeit in den Knast wanderte. Und diesmal für lange Zeit.

Es war nicht weit bis zu dem verwahrlosten Haus. Die Fenster im Obergeschoß hatten keine Gardinen.

Es ging auf fünf Uhr zu. Krätzkow lag bestimmt in tiefstem Schlaf, denn Ganoven seines Schlages sind fast nie Frühaufsteher, sondern pennen bis in die Puppen.

Glockner wies die TKKG-Bande an, in sicherer Entfernung zu bleiben. Er schickte einen der Uniformierten zur Rückseite des Hauses, damit Krätzkow dort der Fluchtweg versperrt war. Mit dem anderen Polizisten trat er zur Eingangstür.

Sie klingelten.

Tim beobachtete die Fenster.

Als sich im Parterre links ein Vorhang bewegte, wußte er Bescheid.

Ohne daß der Kommissar es bemerkte, trabte Tim hinter das Haus.

„Ich bin die Verstärkung", sagte er leise und stellte sich zu dem jungen Polizeimeister an die Hintertür.

„Meinetwegen!" sagte er. „Da fühle ich mich nicht so einsam."

Hinter der Tür war ein Geräusch. Sofort drückten sich beide rechts und links an die Wand. Die Tür wurde aufgerissen.

Als hätte er den Teufel im Nacken, stürmte Krätzkow heraus.

Unter der Jacke war sein Hemd nicht zugeknöpft. Aber er trug eine große gelbe Leinentasche an der Hand. Das Lösegeld.

Tim brauchte nur das Bein auszustrecken.

Krätzkow brüllte auf. Sein Hechtsprung verunglückte und wurde zum Bauchklatscher. Die Tasche flog in die Gegend, öffnete sich und spuckte ein Dutzend Geldbündel aus.

Dem Polizeimeister gingen die Augen über. Soviel Kohle hatte er noch nie auf einem Haufen gesehen. Er vergaß, seine Waffe auf Krätzkow zu richten.

Der lag bäuchlings. Er war auch mit dem Kinn aufgeprallt – und so k. o., als hätte er vom amtierenden Schwergewichtsweltmeister Prügel bezogen.

Seine Arme waren ausgestreckt. Flach ruhten die Hände auf dem Boden.

Tim hob den Fuß. Sekundenlang schwebte seine Sohle über Krätzkows rechter Hand. Aber er trat nicht zu.

Verdammter Tiermörder! dachte er. Brandstifter, Totschläger! Dich erwarten mindestens 15 Jahre Knast. Das reicht.

Meine Rache vergeude ich nicht an dir. Das wären Perlen vor die Säue geworfen. Deshalb hebe ich mir das edle Gefühl für einen Würdigeren auf.

ENDE

Liebe Stefan-Wolf-Freunde!

War spannend, nicht wahr? Diese Geschichte unserer vier Freunde vom TKKG und ihren mutigen Abenteuern hat Euch sicher gefallen. Von Stefan Wolf gibt es aber noch mehr Bücher über die vier Freunde: Jeder Band ein packendes Abenteuer von Tim, der seinen Spitznamen Tarzan, unter dem er in vielen Abenteuern berühmt geworden ist, inzwischen abgelegt hat, Klößchen, Karl und Gaby. Und Oskar ist natürlich auch immer dabei, denn der lustige und treue Cocker-Spaniel gehört genauso zu dieser verschworenen Gemeinschaft. TKKG nennen sie sich nach den Anfangsbuchstaben ihrer Vornamen. Sie halten zusammen wie Pech und Schwefel, sind immer fröhlich, und Kameradschaft ist für sie selbstverständlich. Kennt Ihr auch die anderen Stefan-Wolf-Bücher schon – jedesmal ein neuer „Fall für TKKG“ mit vielen hübschen Zeichnungen Eurer Lieblinge und ihrer Abenteuer?

Die Jagd nach den Millionendieben (Band 1)
Zufällig beobachtet Tarzan-Tim, wie die schon lange gesuchten Millionendiebe aus einer Villa wertvolle Gemälde stehlen. Unsere vier Freunde vom TKKG wollen die Bande ganz allein entlarven. Welche Rolle spielt der seltsame Bruder des unsympathischen Zeichenlehrers Pauling? Was tut sich in der feudalen Villa von Klößchens Eltern, wo der Chauffeur niedergeschlagen wird und das Luxusauto verschwindet? Lauter merkwürdige Dinge geschehen. Aber nichts kann die vier Freunde von der waghalsigen Gangsterjagd abhalten, die mit einer handfesten Überraschung endet.

Der blinde Hellseher (Band 2)
Eines Tages kommt Volker Krause, ein Freund der TKKG-Bande, nicht zur Schule: Verbrecher haben ihn entführt und fordern hohes Lösegeld von seinen Eltern. Die Krauses sind sehr reich, und Volkers Mutter gilt als etwas übergeschnappt. Sie glaubt an überirdische Erscheinungen und läßt sich von dem blinden Hellseher Raimondo seltsame Botschaften aus dem Jenseits übermitteln. Unsere vier Freunde vom TKKG trauen diesem Raimondo nicht. Sie suchen ihren Schulfreund auf eigene Faust. Dabei geraten sie von einer gefährlichen Situation in die andere, und der verzwickte Fall wird immer geheimnisvoller.

Das leere Grab im Moor (Band 3)
Im Moor vor der Stadt stützt ein Flugzeug ab. Die Maschine gehörte einem Ölscheich, an Bord war eine Kiste mit Gold und Edelsteinen. Sie ist spurlos verschwunden, im Moor finden sich nur noch die Trümmer des Flugzeugs. Eine fieberhafte Suche nach der wertvollen Kiste beginnt. Auch unsere Freunde vom TKKG durchstöbern die Gegend, und sie stoßen auf merkwürdige Gestal-

ten – auf den Kioskbesitzer Funke, der Alkohol an Jugendliche verkauft, und auf den Penner Stulla. Atemberaubend, was Tim-Tarzan und seine Freunde erleben, als sie die Ganoven heimlich beobachten und gar noch Oskar verschwindet, Gabys treuer Cocker-Spaniel.

Das Paket mit dem Totenkopf (Band 4)
Als Tim-Tarzan an einem bitterkalten Winternachmittag im Stadtpark dem alten Oberst Grewe zu Hilfe kommt, der von zwei gemeinen Räubern überfallen wird, und er auch noch ein Fixer-Besteck für Rauschgiftsüchtige findet, ahnt er nicht, daß dies der Anfang eines gefährlichen Abenteuers werden soll. Am Hauptbahnhof beobachten die vier TKKG-Freunde ihren Schulfreund Detlef Egge, einen richtigen Gangster, wie er ein geheimnisvolles Paket mit einem Totenkopf im Schließfach versteckt. Das wird ein echter Fall für TKKG, denn sie sind einer skrupellosen Bande von Rauschgifthändlern auf der Spur, die vor keinem Verbrechen zurückschreckt und Jugendliche ins Elend stößt. In einer unheimlichen Nacht auf dem Westfriedhof kommt die TKKG-Bande dem Geheimnis näher.

Das Phantom auf dem Feuerstuhl (Band 5)
Sie kommen von einem Volleyballspiel der Schulmannschaft: Dr. Bienert, Studienrat für Englisch und Sport und gleichzeitig Trainer der Mannschaft, und Tim-Tarzan. Unter einer Autobahnbrücke verübt ein Unbekannter einen Anschlag auf den Wagen. Der Studienrat wird verletzt, Tim-Tarzan kommt mit dem Schrecken davon. So fängt alles an. Ein Phantom spannt in der Dunkelheit Drahtseile auf Autobahnen und Landstraßen, wirft von Brücken Steine herab und schleudert Stahlkugeln gegen fahrende Autos. Die Polizei scheint machtlos, niemand hat den Unbekannten gesehen, man weiß nur, daß er ein Motorrad hat. Die vier TKKG-Freunde wollen das Phantom finden. Ein Abenteuer voller Spannung beginnt.

Angst in der 9a (Band 6)
Am liebsten von allen Lehrern in ihrem Internat mögen die TKKG-Freunde die Müller-Borello. Sie ist immer fröhlich und gibt gute Noten. Bloß in letzter Zeit, da macht die Mübo einen recht traurigen Eindruck, und in der 9a wird sie regelrecht schikaniert. Drechsel und Bettger, zwei üble Rowdies, sind die Anführer. Warum? Tim-Tarzan sieht die beiden in einer Kneipe zusammen mit „King“ Seibold, einem stadtbekannten Rocker, der mit seinen Kumpanen besonders die Kinder von italienischen Gastarbeitern terrorisiert. Die TKKG-Freunde wollen herausfinden, was mit der Mübo los ist, und da kommen die tollsten Dinge ans Tageslicht. Sogar eine Entführung verhindern die vier Freunde in letzter Minute.

Rätsel um die alte Villa (Band 7)

Karl, der Computer, ist ganz aufgeregt, denn seine Eltern haben sich eine schöne alte Villa am Stadtrand gekauft. Aber irgend etwas stimmt nicht mit diesem Haus. Als die vier TKKG-Freunde hinausradeln zu dem verwilderten Grundstück, wo man herrlich spielen kann, überraschen sie unbekannte Diebe. Was wollen die Fremden in einem leeren Haus? Wie immer, wenn ihn etwas ärgert, läßt Tim-Tarzan nicht locker, und seine Freunde Klößchen, Karl und Gaby sind nicht minder emsig dabei, dem Geheimnis auf den Grund zu gehen. Aber erst nach einem nächtlichen Kampf in der einsamen Villa erfahren die TKKG-Freunde, was es mit dem toten Schrotthändler Labutzka, dem die Villa früher gehörte, und dem gestohlenen Schatz im Stausee auf sich hat.

Auf der Spur der Vogeljäger (Band 8)

Tim-Tarzan und Klößchen beobachten im Vogelschutzgebiet, wie ein rothaariger Wilddieb einen harmlosen Bussard erschießt. Die beiden Jungen erzählen Gaby und Karl davon, ihren Freunden vom TKKG. Nicht nur, weil Gaby eine große Tierfreundin ist, sondern weil die vier jede Tierquälerei scheußlich finden, wollen sie den Vogelmord nicht auf sich beruhen lassen. Das wird nicht einfach, denn sie werden von seltsamen Typen bedroht und geraten in gefährliche Abenteuer. Erst wird aus einem Reptilien-Zoo eine giftige Schlange gestohlen, dann auf einen wehrlosen Blindenhund geschossen. Und immer wieder taucht das Pickelgesicht auf, ein junger Mann, der gewiß nichts Gutes im Sinn hat. Aber die vier TKKG-Freunde geben nicht auf.

Abenteuer im Ferienlager (Band 9)

Karl hat in einem Preisausschreiben gewonnen, und die vier Freunde vom TKKG dürfen für vier Wochen in ein Ferienlager an der Nordsee fahren. Kaum angekommen, werden sie in Abenteuer verwickelt. Erst wird Klößchen zu Unrecht beschuldigt, in einem Warenhaus gestohlen zu haben, und da brennt natürlich der Ehrgeiz der TKKG-Bande, den wahren Dieb zu finden. Dann jagen Tim-Tarzan, Karl, Klößchen und Gaby Gespenster, die gar keine sind. Als es auch noch Oskar, dem putzmunteren Cocker-Spaniel, an den Kragen gehen soll, knöpfen die vier Freunde sich den feigen Tierquäler vor. Ein paar Jungen und Mädchen, die ein Jugendheim bauen wollen und von Rockern tyrannisiert werden, finden in der TKKG-Bande mutige Helfer. Und schließlich machen sie ein behindertes Kind, das immer im Rollstuhl sitzen muß, zum ersten Mal im Leben wirklich glücklich.

Alarm im Zirkus Sarani (Band 10)

Zuerst sehen sie den verdächtigen Mann im Supermarkt, und kurz darauf begegnen Tim-Tarzan und Klößchen ihm wieder, als sie zu Gast bei den Kindern im Zirkus Sarani sind. Hat dieser Mann etwas mit der Drohung gegen den Supermarkt zu tun? Ein Unbekannter will alle Lebensmittel vergiften, wenn er nicht 100000 Mark bekommt. Es kommt noch schlimmer. Die nächste Erpressung richtet sich gegen die ganze Stadt. Das Grundwasser soll verseucht werden. Der unheimliche Mann im Dunkeln will immer mehr Geld. Um zu beweisen, daß er es ernst meint, versetzt er die Zirkusbesucher in Panik. Unsere Freunde vom TKKG heften sich an die Fersen des Erpressers – und sie geraten von einer Falle in die andere. Mit wie vielen Ganoven haben sie es überhaupt zu tun?

Die Falschmünzer vom Mäuseweg (Band 11)

Es beginnt mit einer unheimlichen Begegnung auf dem S-Bahnhof von Dengenbach. Die vier Freunde vom TKKG prallen mit einer betrunkenen Rockerbande zusammen, die eben einen S-Bahn-Wagen demoliert hat. Sie können die Täter identifizieren. Es sind dieselben Burschen, die als Straßenräuber die Stadt unsicher machen. Ihr Anführer ist ein Erwachsener, ein krimineller Profi. Rücksichtslos rasen sie auf ihren Motorrädern durch die Stadt, rauben Frauen die Handtaschen, überfallen Geldboten. Als sie – aus Rache – einem Briefträger die Post wegnehmen, erfahren sie von einer Geldfälscher-Bande. Es geht um eine Million Falschgeld, und um da ranzukommen, schrecken die Burschen vor nichts zurück. Aber sie haben nicht mit dem Spürsinn und der Hartnäckigkeit der TKKG-Bande gerechnet ...

Nachts, wenn der Feuerteufel kommt (Band 12)

Unsere vier Freunde vom TKKG kommen von einem Ausflug zurück. In einer Scheune ruhen sie sich aus – und da passiert es auch schon: Ein Bauer will den Heuboden anzünden. Tim-Tarzan, Karl, Klößchen und Gaby versuchen den Brand zu verhindern, und jetzt glauben sie zu wissen, wer der langgesuchte Feuerteufel ist. Seit Monaten jagt die Polizei vergeblich das Phantom, das Wochenendhäuser, Gehöfte, Scheunen und Lokale einäschert. Auch die TKKG-Bande ist zunächst auf der falschen Fährte. Da müssen erst noch ein paar gefahrvolle Abenteuer überstanden werden, bis die vier Freunde den richtigen Verbrecher entlarven.

Die Bettelmönche von Atlantis (Band 13)

Fünf Jugendliche verschwinden auf geheimnisvolle Weise aus der Stadt. Haben sie sich den Bettelmönchen angeschlossen, die in einem abgeschiedenen Landhaus leben und in der ganzen Gegend ihr Unwesen treiben? Niemand weiß, was die Mönche wirklich vorhaben, die aus Tunesien kommen sollen; schlimme Gerüchte aber sagen, daß diese unheimlichen Männer moderne Seelenfänger seien. Auch die TKKG-Freunde tappen, trotz aller Versuche, das Geheimnis zu lüften, im Dunkeln. Da verschwindet wieder ein Schüler. Tim-Tarzan, der sich mit den Bettelmönchen angelegt hat, gewinnt zwei Reisen nach Tunesien. Die beste Gelegenheit, das Hauptquartier der Sekte aufzuspüren. Die TKKG-Bande geht auf Abenteuer-Reise ...

Der Schlangenmensch (Band 14)
In die Klasse 9b der TKKG-Freunde geht auch die 14jährige Anke. Eines Tages erzählt sie, daß ihr Vater von Verbrechern erpreßt werde. Weil sie Angst hat, die Polizei zu verständigen, bittet sie die vier vom TKKG um ihre Hilfe. Nichts lieber als dies, sagt sich Tim-Tarzan, und sie machen sich auf die Spur eines Einbrecher-Königs, der gerade aus dem Knast entlassen worden ist. Was hat er vor? Die TKKG-Freunde lernen als Reporter der Schülerzeitung drei eigenartige Männer kennen: Einen Schloßherrn, einen Altertums-Sammler und einen Adligen. Was haben die drei miteinander zu tun? Was verbindet sie mit dem Einbrecher-König? Und welche Rolle spielt Ankes Vater? Lauter Fragen, auf die Tim-Tarzan und seine Freunde eine Antwort haben wollen.

Ufos in Bad Finkenstein (Band 15)
Vergebens warten Tim-Tarzan und Gaby auf ihre Schulfreundin Kathie. Sie wollen gemeinsam ins Kino gehen – aber Kathie kommt nicht. Tim-Tarzan findet sie bewußtlos in einem dunklen Park. Die unheimlichen Haarjäger haben sie kahlgeschoren. Wer sind diese gemeinen Verbrecher, die nachts Mädchen überfallen – nur weil sie ihre Haare haben wollen? Die TKKG-Freunde spielen wieder einmal Detektiv. Eine heiße Spur führt nach Bad Finkenstein, und dort ist der Teufel los: Das UFO-Fieber hat die kleine Stadt gepackt. Ernsthafte Menschen behaupten, „fliegende Untertassen“ gesehen zu haben. Ein Ufo sei auch schon gelandet. Als auch noch der Weltraumforscher Professor Oberthür von Robotern überfallen und in ein Weltraumschiff verschleppt wird, gerät der ganze Ort in Panik. Spinnerei oder eine gefährliche Bedrohung aus dem Weltall? Die TKKG-Bande will die Wahrheit herausfinden.

X 7 antwortet nicht (Band 16)
Bei einer Radtour entdecken die vier TKKG-Freunde im Wald erst drei finstere Gestalten und dann vier gefährliche Mörsergranaten aus dem Zweiten Weltkrieg. Tim-Tarzan und seine Bande holen die Polizei, doch die Granaten sind verschwunden. Die Vier vom TKKG vermuten einen Anschlag. Fieberhaft versuchen sie, den Verbrechern auf die Spur zu kommen. Dabei geraten sie an ein Ganovenpärchen, das Klößchens Kamera stiehlt. Jetzt verfolgen die Kinder zwei Spuren, ohne zunächst die Zusammenhänge zu verstehen. Schließlich ist eines klar: Unbekannte planen einen großen Überfall auf einen Geldtransport. Fast eine Million steht auf dem Spiel!

Die Doppelgängerin (Band 17)
Inge ist 16 Jahre alt und das Kind armer Eltern. Da gerät sie durch einen irren Zufall an einen immensen Schatz: zwei seltene Briefmarken, die 400000 DM wert sind – gestohlen und versteckt von zwei Einbrechern. Inge vertraut sich dem TKKG an, und die Freunde finden rasch heraus, wem die Briefmarken gestohlen wurden. Aber bevor sie noch etwas unternehmen können, wird einer der Einbrecher aus dem Gefängnis entlassen. Als er erfährt, wer die wertvolle Beute hat, will er Inge entführen. Doch er verwechselt sie mit einer Klassenkameradin: Bärbel ist Inges Doppelgängerin, ihre Eltern sind Millionäre.

Hexenjagd in Lerchenbach (Band 18)
Helga Götze ist Biologie-Lehrerin an der Internatsschule und bei allen Kindern sehr beliebt. Aber weil sie rote Haare hat, zu Hause Schlangen und Spinnen hält, wird sie von den Bewohnern des Dorfes Lerchenbach, in dem sie lebt, wie eine Hexe behandelt. Freilich steckt hinter dieser Hexenjagd viel mehr: Sie wird von einem Unbekannten gesteuert, der Helga Götze haßt. Warum, das müssen unsere Freunde vom TKKG erst herausfinden. Als in Helga Götzes Haus eingebrochen und ein Giftanschlag auf sie verübt wird, als ein zwielichtiger Geselle auftaucht, der aus dem Gefängnis kommt – da wird die Geschichte immer rätselhafter.

Der Schatz in der Drachenhöhle (Band 19)
Es fängt mit einem Zufall an. Tim-Tarzan findet in einer Mülltonne eine Zeichnung mit Symbolen, die er nicht deuten kann. Schon am nächsten Tag fährt er mit Gaby, Karl und Klößchen in die Ferien, und vergißt zunächst seinen merkwürdigen Fund. Die vier TKKG-Freunde machen eine Bootsfahrt auf einem großen Fluß. Doch was sie als Abenteuer gedacht hatten, wird zu einem Horror-Trip. Auf ihrer Reise werden sie von einer motorisierten Rockerbande terrorisiert, eine Zigeunersippe verfolgt sie mit Messern, die Bewohner eines Dorfes wollen sie verprügeln, und schließlich werden sie auch noch von Dieben heimgesucht. Warum dies alles?

Das Geheimnis der chinesischen Vase (Band 20)
Tim-Tarzan und Gaby wollen für die Schülerzeitung eine Reportage über jugendliche Kaufhaus-Diebe schreiben. Dabei lernen sie den Detektiv Hempel kennen, und sie erfahren, daß ausgerechnet Karin Eichberg, Tochter eines Millionärs, klaut wie ein Rabe. Das verspricht eine tolle Story zu werden – aber dazu kommt es nicht mehr. Karins Halbschwester, ein Baby, wird entführt. Von nun an überschlagen sich die Ereignisse. Ein undurchsichtiger Spielbank-Croupier mit faulen Tricks taucht auf, die Leiterin einer Bankfiliale wird überfallen und eine wertvolle chinesische Vase bei einem Einbruch gestohlen.

Die Rache des Bombenlegers (Band 21)
Angst schleicht durch die Stadt. Ein Unbekannter jagt Autos und Wochenendhäuser mit Bomben in die Luft, und eine gemeine Bande überfällt am hellen Tag meist alte oder wehrlose Menschen und raubt sie aus: Die Mittagsräuber, wie sie genannt werden. Haben sie auch die Bomben gelegt oder terrorisieren rivalisierende Gangster die ganze Stadt? Die Drohungen werden immer dreister, und als auch Kommissar Glockners Auto in Mitleidenschaft gezogen wird, nehmen die TKKG-Freunde die Fährte auf. Typisch Tim-Tarzan, wie er und seine Freunde sich an die Fersen der Verdächtigen hängen, bis sie den Fall gelöst haben – einen Fall für TKKG.

In den Klauen des Tigers (Band 22)
Der kleine Wanderzirkus Belloni hat kein Geld mehr, er muß seine Tiere an den Zoo verkaufen. Sein Dompteur Tomasino setzt den gefährlichen Tiger Napur nachts im Wald aus. Tausende von Menschen sind in Gefahr – auch Gaby. Sie weilt mit einer Mädchengruppe vom Schwimmklub in einem Zeltlager mitten im Wald. Verzweifelt versucht die Polizei, den Tiger einzufangen, und zwei ausgebrochene Häftlinge nutzen das Chaos für ihre finsteren Zwecke. Kommissar Glockner, der um seine Tochter Gaby bangt, setzt alles auf eine Karte. Tim-Tarzan hilft ihm, seine Freundin und die vielen Menschen im Wald aus den Klauen des Tigers zu retten.

Kampf der Spione (Band 23)
Eine junge Frau nimmt Tim-Tarzan als Anhalter mit – und schon ist er wieder mittendrin im tollsten Abenteuer. Zwei Männer wollen die Frau überfallen und ihr eine schwarze Aktentasche stehlen, aber der TKKG-Anführer geht dazwischen. Einmal kann er den Raub verhindern, ein zweites Mal nicht. Tim-Tarzan hat keine Ahnung, daß in der Tasche streng geheime Papiere stecken, und daß die freundliche Frau eine Spionin ist. Genauso rätselhaft bleibt ihm zunächst, wer sich hinter den beiden Dieben verbirgt. Es geht um Spionage, und Tim-Tarzan mit seinen Freunden ist auf dem besten Weg, sich in dem dichten Netz undurchsichtiger Agenten zu verstricken.

Gefährliche Diamanten (Band 24)
Ein Gangster ist in der Stadt untergetaucht. Er wird von allen Seiten gesucht. Seine „Kollegen" aus der Unterwelt wollen ihn in die Finger bekommen, weil er sie um eine ganz schöne Menge geschmuggelter Diamanten geprellt hat. Die Polizei fahndet nach ihm – erstens, weil er ein Verbrecher ist, und zweitens, weil er sich vermutlich mit dem schwarzen Tod infiziert hat. In Genua hatte er nämlich mit einem verdächtigen Matrosen Kontakt gehabt, der gerade aus einem pestverseuchten Gebiet in Südostasien angekommen war. Als sich auch

noch herausstellt, daß der Gauner einem beliebten Lehrer an der Internatsschule übel mitgespielt hat, nimmt Tim-Tarzan mit seinen Freunden vom TKKG ebenfalls die Spur des Gangsters auf.

Die Stunde der schwarzen Maske (Band 25)
Eine Welle von Einbrüchen hält die Stadt in Atem. Häuser und Wohnungen werden ausgeplündert, und stets gehen die Diebe gleich vor: Sie räumen dort aus, wo es keine Alarmanlage gibt. Woher wissen sie, welche Häuser und Wohnungen nicht gesichert sind? Wer gibt ihnen die entscheidenden Tips? Irgendwo muß ein Drahtzieher sitzen. Eines Nachts beobachten die TKKG-Freunde, wie eine verdächtige Gestalt in schwarzer Maske in ein Haus einbricht. Sie greifen zu – und sind überrascht, wen sie da erwischt haben ...

Das Geiseldrama (Band 26)
Ein international gesuchter Terrorist wird in der Stadt gefaßt. Seine Komplicen reagieren auf ihre Weise: Am Wochenende besetzen sie das Internat, als die meisten Schüler nach Hause gefahren sind. Nur einige sind in der Schule – darunter Gaby, die eine erkrankte Lehrerin besucht. Die Terroristen nehmen alle als Geiseln. Sie fordern die Freilassung ihres Anführers und freien Abzug – natürlich mit den Geiseln. Da greift Tim-Tarzan ein. Er schleicht in das besetzte Internat, weil er Angst um seine Freundin Gaby hat.

Banditen im Palast-Hotel (Band 27)
Sommerferien in Marbella an der spanischen Mittelmeerküste, und dazu noch im Palast-Hotel. Die Sauerlichs – Klößchens Eltern, Schokoladenfabrikanten und deshalb reiche Leute – haben alle TKKG-Freunde dazu eingeladen. Aber der Badeort wird bald zum Schauplatz einer abenteuerlichen Verbrecherjagd. Schuld daran ist ein Versicherungsbetrüger, der zwei Millionen ergaunert hat und nun im sonnigen Süden ein unbeschwertes Millionärsleben führen will. Doch ein nicht ganz lupenreiner Detektiv stört die Idylle. Als schließlich eine internationale Gangsterbande die Millionen kassieren will, kommt es zum Kampf der Ganoven – mittendrin Tim-Tarzan, Gaby, Karl und Klößchen.

Verrat im Höllental (Band 28)
Lohmann, ein altgedienter Ganove, kommt nach zwanzig Jahren wieder in die Stadt. Er will nochmal ein ganz großes Ding drehen – die Erpressung des Jahres. Lohmann erhofft sich ein fettes Lösegeld, um endlich in „Gaunerpension" gehen zu können. Weil er für seinen Coup „Betriebskapital" braucht, überfällt er ein Geschäft. Aber dort erlebt er eine unglaubliche Überraschung, und von nun an gehen die Uhren plötzlich anders, als Lohmann sich das vorgestellt hat – und die TKKG-Freunde mischen kräftig mit.

Hundediebe kennen keine Gnade (Band 29)

Gewissenlose Burschen terrorisieren die Hundebesitzer der Stadt. Erst kassieren sie unter einem falschen Vorwand Lösegeld für entlaufene Tiere, dann entführen sie tatsächlich Hunde. Als der Diebstahl einmal nicht gelingt, wollen die gemeinen Gesellen alle Hundebesitzer durch eine teuflische Tat warnen: Ein Hund soll sterben, von einem Hochhaus in den Tod gestürzt. Aber ein kleiner Waisenjunge wird zum Zeugen, und jetzt ist er seines Lebens nicht mehr sicher. Da greifen die TKKG-Freunde ein ...

Die Mafia kommt zur Geisterstunde (Band 30)

Pölke und Manowsky sind unsympathische Typen. Sie glauben, mit einem Fitness-Studio schnelles Geld machen zu können. Aber die Kunden trainieren lieber bei der Konkurrenz. Aus Rache wollen Pölke und Manowsky die anderen Fitness-Studios mit Mafia-Methoden ausschalten. Wo ihre Drohungen nichts ausrichten, taucht ein Rollkommando auf. Die beiden Ganoven bedrohen auch das Studio eines ehemaligen Sportlehrers, in dem die TKKG-Freunde sich kostenlos tummeln dürfen. Im Handumdrehen wird der Mafia-Krieg zu einem Fall für TKKG.

Entführung in der Mondscheingasse (Band 31)

Den Berufsverbrechern Uckmann und Neschke ist ein Supercoup geglückt – und niemand weiß, daß sie die Täter sind. Die Riesenbeute verstecken sie im Ausland in einem Banksafe, zu dem es zwei unterschiedliche Schlüssel gibt. Jeder bekommt einen, und so können sie nur gemeinsam an den Schatz herankommen. Da wird Neschke wegen eines anderen Verbrechens geschnappt und zu sieben Jahren Gefängnis verurteilt. Uckmann spielt derweil den Biedermann, wohnt beschaulich in einer Luxuswohnung. Aber als er bei einem Mordanschlag auf Kommissar Glockner erkannt wird, muß er untertauchen. Seit dem Anschlag auf Glockner ist Uckmann Feind Nummer 1 der TKKG-Bande.

Die weiße Schmuggler-Jacht (Band 32)

Karl, der Computer, hat eine Tante in New York, die mit dem amerikanischen Millionär Baker verheiratet ist. Der sammelt wertvolle Schwerter und Dolche. Wegen dieses Hobbies segelt er auf seiner herrlichen Jacht durchs Mittelmeer zur griechischen Roseninsel Rhodos, und die TKKG-Freunde sind eingeladen mitzufahren. Aber als sie auf die Jacht kommen, merken sie rasch, daß etwas nicht stimmt. Statt nach einem mit Brillanten besetzten Dolch sucht Baker seine verschwundene Tochter Nancy aus erster Ehe. Sie ist mit dem zwielichtigen Griechen Mitilini, vermutlich Rauschgiftschmuggler, bei Nacht und Nebel durchgebrannt. Unter der Sonne des Mittelmeers jagt nun ein Abenteuer das andere, und die TKKG-Bande löst wieder einmal „ihren Fall".

Gefangen in der Schreckenskammer (Band 33)

Zu dem Psychologen Tickel kommen auch viele Schüler aus dem TKKG-Internat, weil sie Schwierigkeiten beim Lernen oder mit ihren Kameraden haben. Eines Tages wird bei Tickel eingebrochen. Der Dieb bleibt unerkannt, aber die Schüler und auch ehrenwerte Bürger der Stadt, die bei Tickel in Behandlung waren, werden erpreßt. Der Unbekannte verlangt Geld – oder er wird die Gesprächsprotokolle des Arztes mit seinen Patienten bekannt machen. Kein Zweifel: Der Einbrecher hat in Tickels Kartei gestöbert. Er kassiert unbarmherzig ab, denn wer will schon, daß seine „Psycho-Macken" bekannt werden? Wieder mal hilft die TKKG-Bande ihrem väterlichen Freund, Kommissar Glockner.

Anschlag auf den Silberpfeil (Band 34)

TKKG-«Häuptling» Tim hat seine Mutter besucht. Auf dem Heimweg rast er buchstäblich in ein neues Abenteuer. Sein Zug prallt gegen schwere Felsbrokken, die Unbekannte am Teufels-Tunnel auf die Gleise gelegt haben. Tim, der den Verletzten hilft, kann nicht ahnen, daß dieser teuflische Anschlag dem Intercity-Express „Silberpfeil" gegolten hat. Denn schon wenig später meldet sich ein Erpresser bei der Bundesbahn. Er fordert eine Million DM, und er droht mit weiteren Anschlägen, falls er das Geld nicht bekommt. Gabys Vater, Kommissar Glockner, führt die Ermittlungen, und die TKKG-Freunde verfolgen, wie immer, ihre eigene Spur ...

Um Mitternacht am schwarzen Fluß (Band 35)

Ganz in der Nähe der großen Stadt, in der die vier TKKG-Freunde leben, verstecken skrupellose Diebe ihre Beute: Acht Kisten mit fabrikneuen Revolvern, Pistolen und Munition, die sie im Hafen von Genua gestohlen haben. Zufällig entdeckt die 14jahrige Tanja, eine Mitschülerin der TKKG-Bande, das Versteck. Damit ihr Coup nicht auffliegt, entführen die Gauner Tanja. Sie wollen sie erst freilassen, wenn der Handel mit den gestohlenen Waffen perfekt ist. Tim, Klößchen, Karl und Gaby suchen die spurlos verschwundene Tanja, und wieder einmal stecken sie in großer Gefahr.

Unternehmen Grüne Hölle (Band 36)

Wohin die TKKG-Freunde auch reisen – immer geraten sie mitten in ein Abenteuer. Diesmal kreuzt der orientalische Fürst El Hamid, der Schreckliche, mit seinen Anhängern ihren Weg. Nach einem gescheiterten Aufstand aus seiner Heimat geflohen, täuscht er einen Flugzeugabsturz vor, damit man ihn für tot hält, und verbirgt sich nun mit seinen blutrünstigen Verschwörern in einer unzugänglichen Landschaft. Als El Hamid sich von Tim und seinen Freunden erkannt weiß, will er die TKKG-Bande unschädlich machen. Tim, Gaby, Klößchen und Karl müssen flüchten, die Araber verfolgen sie. Dabei verlieren sie sich immer tiefer in der Grünen Hölle einer menschenfeindlichen Wildnis.

Hotel in Flammen (Band 37)

Gabys Tante lädt die TKKG-Freunde in den noblen Kurort Bad Neuzell ein. Dort hat sie ein Hotel. In Neuzell, das durch die Entdeckung einer Heilwasser-Quelle einen enormen Aufschwung erlebt, hat der internationale Hotelkonzern „Weekend“ ein großes Kur- und Sporthotel eröffnet – sehr zum Ärger der einheimischen Gastronomen. Deshalb vermutet die Polizei, daß Konkurrenten hinter dem Brandanschlag zu suchen sind, der das Hotel „Weekend“ in Flammen aufgehen ließ. Der schlimme Verdacht fällt sogar auf Gabys Tante. Kein Wunder, daß Tim und seine Freunde alles daran setzen, die wahren Täter und ihre Motive aufzuspüren.

Todesfracht im Jaguar (Band 38)

Große Aufregung, als Klößchens Eltern aus dem Italien-Urlaub zurückkehren: Vater Sauerlich berichtet, daß sein 12-Zylinder-Jaguar in Mailand gestohlen und – unbeschädigt – wieder aufgefunden wurde. Kaum zuhause, wiederholt sich das rätselhafte Spiel. Noch einmal verschwindet der Wagen, um kurz darauf wieder aufzutauchen. Die TKKG-Freunde haben einen schlimmen Verdacht, zumal sie die Unterwelttypen Frese und Leppich in der Nähe von Sauerlichs Villa gesehen haben. Geht es um Rauschgift? Wurde mit dem Jaguar eine Todesfracht ins Land geschmuggelt? Natürlich wollen die vier vom TKKG den Fall lösen, und dabei gerät Klößchen in höchste Gefahr...

Bestien in der Finsternis (Band 39)

Gabys Patenonkel, der pensionierte Amtsrichter Solthus, hat offenbar Feinde. Kein Wunder, denn als Richter mußte er viele Ganoven ins Gefängnis schikken. Dazu gehörte auch der Autodieb Patzke. Der – inzwischen wieder auf freiem Fuß – trifft zufällig seinen einstigen Richter wieder. Kurz nach dieser Begegnung wird Solthus' neue Wohnung verwüstet. Ein Racheakt? Die TKKG-Freunde beschatten Patzke und überwachen die Solthus-Wohnung. Dabei stoßen sie auf eine heimtückische Falle, die Solthus das Leben kosten kann. Ein Attentat, bei dem Bestien in der Finsternis eine gefährliche Rolle spielen...

Bombe an Bord (Haie an Bord) (Band 40)

Auch wenn die TKKG-Freunde mal Ferien machen wollen, und das mit einem tollen Segelboot am Meer, holt das Abenteuer sie ein. Kaum haben Tim, Karl, Klößchen und Gaby ihr Lager aufgebaut, geschehen seltsame Dinge: Erst werden ihnen Kamera und Fernglas gestohlen, dann stoßen sie auf den Hafengammler Prädl und schließlich taucht der Immobilienmakler Unwärth als Froschmann aus den Wellen auf, um seine eigene teure Yacht zu versenken. Was geht hier vor? Als die TKKG-Bande auch noch eine Verbindung zwischen Prädl und Unwärth feststellt, ahnen die vier Freunde ein ganz krummes Ding. Keine Frage, daß sie dieser heißen Kiste auf die Schliche kommen wollen. Aber das ist nicht ungefährlich...

Spion auf der Flucht (Band 41)

Zeichenlehrer Lattmann liegt mit einem Beinbruch zu Hause. Da muß er hilflos mitansehen, wie nebenan ein finsterer Typ die kleine Sabine überfällt und ins Nachbarhaus eindringt. Aber Lattmann hat sich genau gemerkt, wie der gemeine Kerl aussieht. Und diese Beschreibung teilt er kurz darauf den TKKG-Freunden mit, als sie ihn besuchen. Die brauchen nicht lange nachzudenken, denn den Typ haben sie ein paar Minuten zuvor zufällig in einem weißen Auto gesehen, dessen Fahrertür eingedellt war. Nun beginnt die wilde Jagd nach dem weißen Wagen. In der Zwischenzeit stellt sich auch heraus, was der Unbekannte im Nachbarhaus gesucht und gefunden hat: Geheimdokumente, die Sabines Vater im Schreibtisch aufbewahrt hatte. Die TKKG-Bande und ihre Freunde erkunden, wo der Spion wohnt. Als sie sein Haus überwachen, machen sie eine unglaubliche Entdeckung...